社会工作
流派译库
（第三期）
上海文化发展基金会资助项目
“十三五”上海重点出版规划项目

长久热烈的婚姻之路

——认知行为视角下的社会工作介入

【美】Todd Creager 著
黄霄柠 译

華東理工大學出版社
EAST CHINA UNIVERSITY OF SCIENCE AND TECHNOLOGY PRESS
·上海·

图书在版编目(CIP)数据

长久热烈的婚姻之路：认知行为视角下的社会工作介入/(美)托德·克里杰 Todd Creager 著；黄霄柠译．—上海：华东理工大学出版社，2018．7

(社会工作流派译库．第三期)

书名原文：The Long Hot Marriage

ISBN 978-7-5628-5498-2

Ⅰ．①长… Ⅱ．①托… ②黄… Ⅲ．①婚姻—社会心理学—通俗读物 Ⅳ．①C913．1-49

中国版本图书馆 CIP 数据核字(2018)第 129571 号

内容提要

本书面对的是大多数期望可以在他们的婚姻中重新获取生活高峰的、兴奋之感的夫妻。其目的是在夫妻双方建立一个更深的联系，将已婚夫妻连接在一起，使双方在性、情感和精神上仍能不断地对对方充满渴望。全书共包括三章：第一章是共瞻伴侣最有吸引力的艺术；第二章侧重于伤痛处理；第三章是性与已婚夫妻。本书也贯穿了很多练习，以帮助读者练习并开发技能，获得良好心态和积极健康的生活习惯，从而帮助读者实现书中所讨论的内容。本书适合一般的读者，也适合从事婚姻家庭治疗的研究者和社会工作者。

策划编辑 / 刘　军
责任编辑 / 刘　军　藕　园
装帧设计 / 袁银昌设计工作室
出版发行 / 华东理工大学出版社有限公司
地址：上海市梅陇路 130 号，200237
电话：021-64250306
网址：www.ecustpress.cn
邮箱：zongbianban@ecustpress.cn
印　　刷 / 中华商务联合印刷有限公司
开　　本 / 710 mm×1000 mm　1/16
印　　张 / 8.25
字　　数 / 130 千字
版　　次 / 2018 年 7 月第 1 版
印　　次 / 2018 年 7 月第 1 次
定　　价 / 70.00 元

译库学术顾问委员会

社会工作流派译库

总序

这是我们与华东理工大学出版社合作的第二套译著丛书。21世纪初，我们所推出的18种一套上海市重点图书“社会工作名著译丛”获得了学术界的热烈反响和高度认同。本套译库与以往不同的是，更加聚焦于介绍西方社会工作的理论流派，但又不局限于理论流派的译介。西方的社会工作历经一百多年的发展，已经形成了诸多视角、理论、模式与方法。知识转移与全球共享是当代社会工作发展的一个重要特点。熟知并批判性地借鉴西方社会工作理论，对于建构兼具国际规范与中国特色的社会工作理论、制度、实务模式，无不具有重要的理论意义和实践意义。唯其如此，中国社会工作学界方有可能参与全球专业知识库的建构，以推动国际社会的公平与正义。

需要强调的是，中国社会工作的制度设计与发展经验具有本土的特点，不能简单地照搬西方的理论框架去加以解释。这就要求我们，在学习借鉴西方社会工作专业知识的同时，应警惕本国专业共同体因理论的“不自觉”“不自信”而在全球知识界处于失语状态。因此，必须立足和扎根于我国社会体制改革、新社会组织、新社会服务和现代社会工作制度建构的实践，积极进行中国社会工作的理论建构与知识创新。唯其如此，中国的社会工作学界才有能力提升在全球的话语权，从而为全球社会工作贡献中国的力量。

衷心希望本套译库能为中国社会工作的发展提供新的知识支持，以进一步推动国内的社会工作理论研究与知识建构。须知，没有系统强劲的社会工作理论的科学支撑，就不可能有系统强劲的社会工作发展实践。

本套译库的出版得到了相关出版基金的大力资助，为此我的感谢与感激之情难以言表！这里，我要向所有参与翻译本套译库的同仁表示感谢，因为他们的奉献体现了社工学人的专业精神！感谢华东理工大学出版社，因为他们始终对我们充分信任及对社会工作学科建设鼎力支持！我还要特别感谢何雪松教授，因为他持之以恒的追求、坚持和奉献，我们才有了本套译库的中文版！

是为序。

华东理工大学中国社会工作研究中心

徐永祥

写给我的中国读者们

当《长久热烈的婚姻之路》在美国上市的时候，读者的回馈让我惊喜。很多伴侣告诉我这本书使他们之间的沟通、理解、信任有了巨大的改善，这本书让他们开始共同挑战那些阻挡他们幸福婚姻的障碍。近年来，我获得了一些和中国朋友谈论两性话题的机会，同样，他们对这一话题的热忱也让我惊讶。不管是学生还是专业人士，这些来自中国的朋友为我展示了他们对两性、对婚姻的智慧。他们也对美国的临床社会工作师如何看待和处理婚姻家庭个案充满了好奇。

拥有一个美满的婚姻是不容易的，人们需要很多的知识和训练来获得一个快乐的婚姻关系。很多人对于美满婚姻是否能够长久充满了疑虑。我的弟兄看到这本书的题目后，跟我开玩笑说，这肯定是本童话书。他觉得这个可笑的命题在现实生活中是不存在的。但是经验告诉我，大多数人都有能力学会珍惜、爱护、享受长期和稳定的伴侣之间的亲密关系。在本书第一章中，我提出了一个类似“进化论”的观点——我们人类在处理长期亲密关系方面还处在很初级的阶段。近年来，我们的科技水平发展迅速，但是我们的心理健康、我们对情绪伤痛的处理能力，以及在人际关系方面的创造力都进展缓慢。我的很多案主都在不断提醒我，一个长久热烈的婚姻是很有可能的，但是我们必须要努力开发我们的想象力和勇气。这也是我自己三十多年来的婚姻生活教会我的。

在我和中国朋友交流的过程中，我意识到这些对于婚姻的疑虑在中国也是一样的。无论在哪个国家，我们对于如何达成一个长久美满的婚姻都有很多要学习的东西。以前，还有不少人以为我们的世界是个平面，类似地，我相信越来越多的人会意识到婚姻是达成深层次爱情、热情和愉悦的渠道。来参加我课程学习的中国学员有时会表现出对这种亲密关系的向往。他们也乐于和我分享中国的一些人对婚姻和爱情的传统观念。尤其是女性，她们似乎认为一些观念和文化让她们很难放手去追求更加热烈的情感。如果不能勇于表达真实的自我，那确实很难拉近同伴侣的亲密关系。一个人越能够表达自己的需求和感受，那么他就越有机会获得自己想要的亲密关系。文化和观念的挑战不仅仅针对中国女性，我在美国也观察到很多类似的现象。家庭结构、背景、观念等都很有可能削弱一个人自我认知的能力。不管是在中国还是美国，我都期望人们能够允许自己去探索在亲密关系中的需求和感受，比如和伴侣的哪些互动会让自己感受到被爱和愉悦。我期望人们能够在亲密关系中找到真实的自己、最好的自己。就像金钱和权力的关系，性的本质并没有善恶，而全在于我们如何使用它们。我们可以通过这些东西让自己和别人过得更好。如果这本书能够帮助读者在亲密关系中成长，那将是我极大的荣幸。

我要感谢哥伦比亚大学社会工作学院黄霄柠博士，在本书的翻译和出版，以及婚姻家庭治疗的教育培训方面所做出的努力，使我能够将我的知识通过本书和讲座的形式分享给中国的朋友们。我要感谢我的导师和我的案主，是他们教会我什么是一个健康积极的亲密关系。最后，我更要感谢我的妻子，是她用三十多年的时间带着我一起行走我们长久热烈的婚姻之路。

托德·克里杰

社会工作硕士

注册临床社会工作师

注册家庭治疗师

同行推荐

托德·克里杰的写作通俗易懂，能够很好地帮助伴侣们学会有效沟通和经营亲密无间的婚姻。我们将这本书强烈推荐给所有年龄段及处于婚姻不同阶段的伴侣们。

——道格·莫斯利，与妻子娜奥米·莫斯利

Co-authors of *The Shadow Side of Intimate Relationships and Making Your Second Marriage a First Class Success*

《亲密关系的暗影：让二次婚姻获取头等成功》的共同作者

这本书是一个神话，是改善伴侣关系的实用指南。托德·克里杰是一位温和而有个性的咨询师和作者，他的作品通过文字帮助读者认识到婚姻生活中常见的陷阱，简单明了地为我们揭示了伴侣应该如何克服这些困难，以帮助读者获取称心如意且亲密无间的婚姻关系。

——斯蒂芬妮·比埃勒，心理学博士、心理学家及AASECT注册性治疗师

托德·克里杰的著作乐观积极，充满了可帮助伴侣体会婚姻情感和价值的对策及技巧，既有创意又有趣味。克里杰先生在行为干预的方法上独树一帜，极具创意地帮助伴侣双方增强冒险精神，打破他们之间的情感僵局。

——巴里·麦卡锡，与妻子艾米莉·麦卡锡

Co-authors of *Rekindling Desire-A Step-By-Step Program to Help Low-Sex and No-Sex Marriages*

《重燃欲望——循序渐进地改善婚姻生活》的共同作者

读到书中的每个章节，你都会情不自禁地感叹道：“没错，这就是发生在我身上的事情。”这本书的美妙之处就在于它并不拘泥于枯燥而冷酷的心理学理论，用长篇大论向你讲述为什么你的婚姻生活无法正常运行。

托德会温柔地握着你的手并巧妙地引导你走过复杂的情感迷宫，以理解人性。托德不仅是一位训练有素的治疗师，他更像读者的挚友，坐在壁炉前，手捧热茶，闲谈你生活中的顾虑。这本书的阅读充满乐趣，能够有效改善我们的婚姻生活。

——米歇尔·金塔纳，斗牛犬创意文案的所有者

致谢

首先，我要感谢我的挚友和督导——帕特·卡尼。1982 年帕特鼓励我以一名社会工作学徒的身份成立了我的私人诊所，自此我十分珍惜我们之间的友情。他帮助我塑造了对伴侣和家庭关系变化的最初认知。他对生活逆境的处理方式也在一直不断地激励着我。

其次，我要感谢我的同行，他们每个人都对我与案主之间的工作方式具有积极的影响。尤其是朱迪斯·米尔本，还有道格·莫斯利和娜奥米·莫斯利夫妇。朱迪斯帮助我体会到我们潜意识的神秘和令人敬畏之处，以及灵性和心理学之间的联系。道格和娜奥米教会我很多处理伴侣间问题的有效方法。我和我的同行多年合作开展各种伴侣工作室，我和妻子也是工作室的参与者。我的这些杰出同仁，在我的婚姻成长阶段中有着不可磨灭的价值。

我感谢多年来选择我为其提供服务的上千名案主，感谢他们让我融入他们的生活。我热爱我的工作，也感谢案主对我的信任。

在这里我还要感谢我的家人，包括我的兄弟姐妹、我叔叔一家和我的祖父母，你们是我最好的婚姻关系启蒙者。

我要感谢我的父母——莫蒂默和多萝西·克里杰。我十二年前去世的父亲教会我如何善待他人。我母亲在 2016 年 2 月去世，她曾教导我：我们自身是实现梦想最好的资源。我会谨记她的教导，将她对生活的热情一直延续下去。

我可爱的宝贝女儿们——阿里尔和丹娜也教会我很多知识，不仅让我成为更好的人，也教会我做一名称职的父亲。当然，她们给予我最大的礼物是和她们在一起度过的时光，这也是我最大的快乐。

最后，也是绝不可少的，我要感谢我的妻子——谢里耶。在 32 年的婚姻中，我们共同经历了很多欢乐和痛苦。我们持续学习如何能更有创造性地处理情感问题，如何能更充分地享受彼此。随着我们之间日益增进的关系，我期待着我们携手未来的几十年。我的妻子和孩子们的母亲，我相信谢里耶对生活的执着将随着时间的推移，使她变得更加美丽。

免责声明

以下是我的重要声明。本书内容旨在提供一张地图，希望通过阅读本书及使用书中任何所述方案，能够帮助读者和伴侣建立一个充实的婚姻关系。然而，阅读本书不应作为专业婚姻或家庭治疗的替代方法。大多数人需要知识渊博的治疗师的指引来渡过婚姻中面临的危机。我们的行为习惯可以成为我们的绊脚石。克服自己，改变自己陈旧的行为模式，在某种程度上，我们可以自己达成这一目标。然而，与经验丰富的第三方合作可能更有利于我们改变这些顽固的、阻挠成功婚姻的旧习惯。

目录

引　　言

“性和婚姻就像油和水。不可混为一谈。”“好吧，我知道婚姻生活可能会因为孩子及日常琐事而质量下降。”“我还记得年轻时你和我一样对亲密关系永不满足。”“我希望我们可以回到过去，回到我们刚结婚的时候。”“我觉得我现在必须接受我们已经成为室友的现状，我们将步入无性婚姻的状态。”“我无法生活在一个无性的婚姻中，你有认识比较好的离婚律师吗？”

作为一名拥有 25 年执业经验的婚姻及家庭治疗师，类似的说法我已经听过上千个不同的版本。对于大多数已婚伴侣来说，在伴侣关系中缺乏激情似乎是一种常态。但也有一些伴侣，似乎在亲密关系上能够永葆青春。

本书针对那些期望在婚姻中重新获得激情和动力的伴侣，当然，它也适合那些满足现状的伴侣们，即使他们未涉及任何婚姻问题，本书也能够帮助他们持续改善亲密关系。伴侣的亲密关系不仅仅使婚姻生活可以得到满足，伴侣也会指望在婚姻生活之外，能够为双方更多用心、更有创造力地维护和经营长期热烈的亲密关系。

本书的目的旨在建立更深的联系，将已婚伴侣连接在一起，使双方在两性、情感和精神上仍不断地对对方充满渴望。谈到婚姻，性的话题无法避免，本书涵盖了婚姻中常见的、与性相关的问题，希望引导伴侣开拓亲密伴侣间须持有的心态、感情和行为。犹如醇厚的酒，一对“浓情”伴侣必须具有丰富而充满活力的牢固关系。亲密关系在最深切、最黑暗和最痛苦的时刻会给予双方最大的支持，在温暖和快乐的时刻，更是如此。

本书希望帮助伴侣们提升创造力，为婚姻双方创造相互滋养的环境。书中的案例都基于事实，发人深省。**第一章是相互吸引的艺术**。该章强调的是你的创造能力及对你伴侣的影响。我把它放在第一章的目的是，当你走出“受害者”的心态并决定成为伴侣关系中的积极力量时，你将有能力做到书中之后内容的任何要求。**第二章侧重于情绪处理**。我相信大多数伴侣的困境事实上来自不知如何处理自己同伴侣或同父母的关系，尤其是当双方处在有情绪波动的状态时。对抗和逃避在此时成为情感交流的第一反应(即“我走了！”而不是“让我们谈一谈。”)。伴侣需要学习如何以健康的方式处理情绪上的波动并同时建立更多的沟通方式，这是获取更多快乐和激情的关键一步。**第三章聚焦于婚姻生活**。该章大概也是人们对这本书的第一印象。但是我们需要时刻谨记，对于一段长久而热烈的婚姻，前两章的内容和训练也十分重要。第三章针对婚姻两性行为进行健康和科学的讨论，纠正迷思。健康的婚姻生活能够帮助个人成长和在生活中获得更多活力。我在这一章中也谈论“健康依赖”的重要性，即如何给予他人并接受来自他人的积极影响，如爱和欢乐。在第三章中所提到的信息，一定会在你的婚姻生活中为你加速，让你朝充满激情的方向驶去。贯穿本书，我也提供很多认知行为的练习，帮助读者习得技能、调整心态和建立积极的生活习惯。

本书侧重于婚姻生活的几个重要片段，它不能涵盖亲密关系的所有方面。在本书中，我并没有涉及生理方面，如慢性疾病或荷尔蒙水平的影响。尽管如此，在现实生活中，在遇到婚姻问题时，生理问题相关的缘由也需要加以考虑。在我的私人诊所中，我经常与医生和其他健康领域的专业人员密切合作，以帮助案主排除和解决与生理相关的问题。目前，市面上用于改善婚姻生活质量的药物越来越多，如“伟哥”和“西力士”等药物帮助男性解决勃起问题。勃起问题的确很有可能是由生理原因引起的，如服用某些药物的副作用、慢性疾病、荷尔蒙变化，以及身体器官总体老龄化的影响。然而，心理因素，例如，焦虑所造成的影响，是很难通过“伟哥”和“西力士”等药物帮助男士改善婚姻生活的。因为这些药物强迫使用者过度担心自己的生理状况和他们在婚姻生活中的表现，而不能帮助他们重新关注他们的伴侣。在本书中，我也没有谈及成人用品对于调节婚姻生活的效果。我并不反对使用这些工具，有时我也会鼓励我的某些案主使用此类产品，市场上也可以找到很多关于该话题的书籍。对此，我要着重指出的是，当伴侣不能正视关系中的实际问题，转而急于依赖外界工具的介入，药物或者成人用品等都无法作为解决亲密关系问题或改善婚姻生活的有效手段。这本书是要帮助伴侣重视亲密关系内部的可利用资源，共同建立一个充满激情和关怀的伴侣关系。

婚姻并不容易，我们在婚姻中成长，婚姻也帮助我们发挥创造力、发掘潜力，以最大的程度扩大我们对亲密关系的想象。如果你在面对婚姻问题时想要寻找一个快速解决的办法，那这本书可能不适合你。重新正视婚姻关系必须：1. 学习如何使用更多的想象力和创造力思考，并在你的伴侣面前表现出来；2. 学习如何通过双方的痛苦和快乐的感受相互连接；3. 发现自己的潜能。不开发这些情感力量和技能，你可能注定会重复那些使你婚姻出现问题的模式。原有的行为模式将可能使你与现在的伴侣关系停滞不前，或逃避并开始寻找下一个伴侣。

你的婚姻与生活热情之间有着密切的关系。这对于面对婚姻问题的你也许是个坏消息，因为你必须积极参与创造一些新事物、一些更好的事物。你不能只是被动地坐在那里，等着你的伴侣成为改变的催化剂。但是，它也可能是好消息，因为在你锻炼创造力的过程中，你的学习也同时对你的关系产生巨大的积极影响。

人们控制情感和情绪的能力往往难以成长成熟，此时虽然遇到问题，但也可以充满希望。当这些能力发育成熟后，它可以引导你和伴侣享受幸福的亲密关系。假如人们控制情绪情感也有特定的肌肉组织，且你的每一块情感肌肉都发育成熟，你能想象这对你的亲密关系会发生多大的影响吗？我在我的诊所已经见到无数对放弃希望的伴侣，站在离婚的边缘，有过一次或多次出轨行为，他们在我的引导和训练后，都找到了回到对方身边的方法。他们成功地建立了一个从未有过的连接并获得了充满活力、相互关怀的亲密关系。拥有长久热烈的婚姻是可能的。让我们开始吧！

本书中提到的人称的性别为随机、可互换的，除非我在字面上另外明确指出男性或女性。人称的随机使用有助于形成更连贯的阅读体验，而无须每次特意提及多种性别。本书中涉及的案例均来自我私人诊所的真实案主事例。为保护案主隐私，所有姓名均为化名，背景情况也有所修改。

第一章

相互吸引的艺术

第一节　婚姻中的创造力

自远古以来，人类在地球上所做的一切都是为了生存。人们为求继续生存，捕捉动物以积攒足够的食物，从而保护自己的家庭。随着时间的推移，地球上更多的幸运儿能够将自己的时间、精力和资源专注于其他的追求。而当前，活着除了是为了生存，还是以不同的方式自由创作。创造力有可能通过艺术、音乐或其他形式表达出来。然而，我们仍然保持那些生存本能，当意外发生时，本能仍然能够在紧急的情况下维系我们的生命。

本书建立在为伴侣提供渐进成长的学习方式的基础上。从人类发展的历史来看，长期亲密关系在人类社会关系中存在的时间相对并不是很久远。可以说，我们仍处于学习、发展健康的长久亲密关系的早期阶段。有时候，我们仍在运用那些山顶洞人猎杀动物的方式来回应某些情感上的挑战。这些本能让我们通过对抗或逃避来回应这些情感状况，因而个体无法专注和发挥创造力来为我们身边的关系留下正面影响。由于我们在生活的其他方面变得更有创意，因此我乐观地相信，我们同时也正朝向发掘伴侣关系间越来越多的创造力方向发展。

人际交往中的创造力究竟指的是什么？笔者认为，人际创造力是你的任何行为、你所做出的任何声明、你所想象的或你持有的感受指引你及你的伴侣之间产生更积极事物的能力。我所定义的“更积极”指的是任何可以引发两人间能量的事物。换句话说，人际创造力是积极的思维或行为，可在婚姻或伴侣关系中生成良好的感情。

能量和感受美好

现代物理学教导我们，我们的身体细胞会时刻保持特定的振动频率。你可以想象一下自己就是一块磁铁，你的正负能量同时也能吸引积极或消极的结果。你有没有听说过“物以类聚”的说法？如果你在一个充满不同音频的房间内尝试调节音频，那么你需要校准各种音频，只有将音频校准到相同的频率你才能弹奏出美丽和谐的音律。

作为人类，我们发出的振动或能量就像一个音频。与其不同之处是我们可根据当前的情感能量振动于很多不同的频率之中。因此，当我们学会如何驾驭我们的能量，发送“有益的振动”时，我们便学会了如何在他人面前展示更具有吸引力的一面，以得到我们想要的事物。这些想法成为很多书籍的主题，例如斯帖和汤姆·希克斯撰写的《Ask and It Is Given》（《问及与赋予》）及林恩·格力博恩撰写的《Excuse Me Your Life Is Waiting》（《对不起，你的生命在等待》）。除此之外还有很多知名的电影和数据，“秘密”包含了很多来自自我完善领域的人士。他们都在谈论“吸引力定律”，基本上是在讲述我们所关注的是我们得到了什么。着重于我们不想获取更多不希望获取的事物，而获取更多希望获取的事物。举个例子，如果我想写这本书，但我一直在思考为什么我从来都没有时间写，这些念头可能会导致我有挫败感。吸引力定律说到，这些消极的想法，会出现更多障碍，以阻碍我完成这本书的意愿。然而，如果我着重于完成这本书，使更多读者受益，我将会找到写作的时间，也许相对比较容易。

将这些概念带入伴侣关系的竞技场中，即是人际创造力的重要组成部分。在我同伴侣沟通之前，我可以问自己，“这会让我或多或少地得到我真正想要的事物吗？”这个问题的答案将会帮助我决定我是否应该勇敢开口。人际创造力关系建立在努力和定律之上，就像画一幅美丽的图画或创作音乐作品。画家从不用相同的方式画画，而是以回应、条件反射的方式运用画笔笔触。作曲家的作曲过程也不是随心所欲地将所有音符混合在一起。创作一幅美丽的图画或一首愉快的旋律需要一些定律、实验和持续改进，直至艺术家或音乐家获得更多他想要的事物。整个过程可能是一个享受的过程。对另一个人来说，与之相关的创造性亦是相同的。因为我们运用了一些定律、实验和不断地变化，使它的整个过程也可以是一个享受的过程。

• • • 人际创造力和宣泄情感

当伴侣寻求我们的帮助时，最常见的问题就是“沟通”。在通常情况下，当他们试图传达信息时，问题会更多地出现在对方的议程或预期目标中。在沟通问题时，大多数伴侣经历的三个主要问题是：（1）证明自己正确的冲动；（2）需要发泄；（3）为自己辩护。以下是较为明确的分析。

证明自己是正确的且可以满足我们的自尊心。我希望自己是正确的，我们喜欢得到认同时的那种感觉。希望自己正确是一种很自然的行为。如果在我们生活的世界里，我们的想法总是被所有人分享，那么这便是我们理想的生活境界，特别是在伴侣之间发生冲突、双方急于证明对方的错误并辩护自己的观点时。

宣泄有时被看作是有益处的，但事实并非如此。如果宣泄只是个人发泄而从未考虑沟通接收者的感情或福祉，那么，我将此过程比喻为呕吐在他人身上的不良行为。你自己的情绪可能会即刻感到好转，但是对方却会由此情绪一落千丈！宣泄极具诱惑力，因为当一方“抛出”所有的痛苦，会立刻缓解自己的紧张。有人会说宣泄是一种良好的方法，因为它可以让你将所有的情感发泄出来。如果你表达自己的情感，你没有大喊大叫，你与你的伴侣“细声低语”地说，而不是“劈头盖脸”地说，那么这样是可以的。我不会认为这种方式是宣泄，而认为这是一种分享。你的伴侣不是“共振板”。共振板是二维的、无生命的，无论你如何描述你的痛苦，它都不会因此受到感染。在你向伴侣表达自己的感情时，你要考虑到另一方的福祉和需求。

为自己辩护是一种自然反应。当有人向我们表达一些带有伤害性的话语时，我们会保护自己免受攻击。当我们捍卫自己的时候，我们会感到暂时性的好转，因为我们为自己挺身而出。但问题是我们的这种本能防御行为也会阻止我们发现自己一直在伤害的人，或发现自身的缺点。尤其是当我们的伴侣以某种方式对我们造成伤害的时候，我们很难看到由自己造成的那部分问题。当双方都不断地指责对方并为自己辩护时，停滞和破坏性的模式便会无休止地持续下去。

人际创造力涉及的沟通方式是希望在给予或接收情感信息时，给予者可以清晰地表达他或她自己的情绪，而接收者却不会因此而感到情绪“低落”。这并非像看起来的那么容易，需要情感肌肉重新定义沟通目标。在沟通中放弃竞争意识，对我们来说并不是一种自然行为。恐惧引导我们进入上述为了立即缓和紧张局势的方式。在无须快速摆脱的情况下，意识到经历紧张感的益处是非常重要的。在你对此紧张感生成耐受性的过程中，它会为你提供更多的时间学习创新、学会倾听并同情他人。紧张感耐受性的生成可让你接受两种不同的现实，两种不同的认知、需求等方式。即不是试图征服对方，而是你要学会“彼此”共存。矛盾的是，你给予他人的自我思考及感受空间越大，则对方会有更多机会了解你的处事方式。该种连接将引导痛苦降级，可能会帮助我们形成对事物更客观的看法。为了使我们吸收新的信息，我们需要此类降级，尤其是当这些信息可以伤害到他人的时候。

• • • 勇敢地接近你的伴侣

第三部分是创建人际冒险。婚姻犹如一场冒险，像在陡峭的山坡上滑雪、蹦极跳或进入非洲野生动物园。问题是人们往往将婚姻当作避风港——一个可以放松的地方，可以远程控制，可以摆脱工作压力，并且提供育儿服务。事实上，如果你想拥有一段长久而热烈的婚姻，你需要让婚姻从感情上挑战你、刺激你，并让你更有韧性。你的婚姻需要“危机感”，并且这种连贯性的人际危险感才可能让双方在舒适和休憩中周转。

人际关系有时涉及伤害和痛苦的感受，这是不可避免的，在我们试图避免这种痛苦时，我们有可能正与我们的伴侣走得越来越远。我们的身体可以感知这段距离。胸部感到压抑，胃部感觉硬化，这些感觉犹如保护的盔甲以气密和坚硬保护躲藏于内的柔弱，像甲壳动物一般。我们需要向我们的伴侣保持开放的态度，在热火朝天的争论中更需如此。我们需要学习柔化，即使我们每一个求生本能都在告诉我们应该关闭，并将问题推开。虽然在痛苦面前退缩不会杀死我们，但是无限的退缩会杀死伴侣间的关系。伴侣关系里没有纯粹勇气的替代品。

本书其余的部分均是关于将这三个人际创造力的组成部分带入生活中的内容。无论是 1. 改变你的能量，带出你伴侣的最好的一面，2. 变得更有人际创造性，3. 更贴近你的伴侣——或这些知识的任意组合，都会帮助你前进。

第二节　伴侣认知意识

所有事情的出现都有一个投射，因为我们会不断地思考这是怎么回事。我们感受到的一切都是通过我们的想象而来的。我们在夜里梦到的每一个人和物体就是我们自身一部分的体现。

白天我们也会做梦。因为我们会不断地想象和认知周边发生的事物。这就是我们的天性：我们有大脑——我们想象我们是认识的。

在著作《The Four Agreements》（《四项协议》）中，唐·米格尔·鲁伊斯以约翰·列侬的名言作为开始，“闭上双眼，生活会变得更简单，你所看到的一切都是误解……”在第一章开头中，唐写到，“你现在所看到和听到的一切都不存在，那只是一个梦。你现在就在梦里。你是在大脑清醒的情况下做梦的。”

我们的思想就像电影院的一台投影机，会映射出我们对他人的认知。例如，如果我感觉到某人是一个恶霸，我会通过受害人的眼睛看到他所做的一切。如果我认识到某人富有爱心和奉献精神，我将留意他所说、所做的一切美好事物，我甚至可以忽略任何与此种看法矛盾的行为。

心理投射的概念最初是由西格蒙德·弗洛伊德构想出来的。他将投射描述为一种防御机制，对于他人来说，其中的一个特性是自己不能接受不必要的想法和情感。在这个定义中，投射通过允许不表达必要的潜意识冲动或欲望，而减少焦虑，且不会让自我识别它们。我所用的“投射”一词具有广泛的意义，在此我们对其他人的看法是我们大脑自身的处理过程、心态以及本能想象力的直接结果。我们不仅向他人投射不想要和不可接受的冲动，且我们对他人的所有认知都是一种投射。认知行为疗法，一个用于抑郁症的有效治疗方法，对改善伴侣关系问题也是非常实用的，其基于我们如何看待和解释周围的事物，认为影响我们情绪状态的，未必是事物本身。如果案主可以改变他的想法，那么他也可以更改他的感受，这种改变甚至是在外界没有发生任何变化的情况下产生的。同样，我们可以通过改变对伴侣的看法，引致对他或她有更积极的感觉。

我们的过去对我们如何看待别人有着极大的影响。例如，如果从小到大，你的父亲都是一个非常严肃的人，而你的老板突然间对你很恼火，你可能会本能地猜测你的雇主是一个非常严肃的人，是一个像你父亲一样令人生畏的人，但事实可能是你的老板完全无意恐吓你。

事实上，我们将自我认知投射到对其他人的认识上不完全是一件坏事，但也未必是一件好事。这是我们与生俱来的能力。关键是要建立在更加了解我们自身的基础上，然后再实践开辟新的看法。我们要认识我们对他人持有的看法，并不能作为对此人的定义。这只是我们在那一刻对此人做出的判断。我们所有人都赋予了本能的想象力。我们可以在任意时间内使用这个能力。只要我们认识到这一点，我们就不会被其操控。我们时时刻刻都在告诉自己关于他人的想象故事。例如我在婚姻中，常常猜想我的伴侣是个什么样的人，也许我看到的并非是其真实的一面。伴侣平时做的事情或说的话语经常会引起我的猜测，我对伴侣的猜测也许早就超越了想象，变得没有实际意义。

● ● ● 遗忘过去的重要性

当我们在一段伴侣关系中，特别是一段长期的关系中，我们对彼此会产生一种相互作用的模式。我们开始期待他人的付出。例如，大多数人来自没有专门教授过倾听的家庭，因此我们可能不是一名好的听众。如果我来自一个典型的非倾听家庭并习惯于忽略别人的话，我将会自然而然地认为在我讲话的时候我的爱人也不会听。因此，我可能会用一种很强硬的口气和她讲话，因为我在争取让她听到我所说的内容。我可能会提高声音，并使用强硬的措辞。而我的伴侣也会因此摆出防守的姿态，而不是真正地倾听我说话的内容。伴侣的这一行为更加印证了我的预判。从而，我们之间便会产生这种相互作用，我用大声而强劲的话语讲话，而她则完全没有听进去。结果是谁都没有倾听。而在这个过程中，我会强化她是一名糟糕的听众的主观感觉，反而觉得自己很委屈。

问题是这种模式将会不停地重演，直至成为过去。它与伴侣的潜力无关。事实是这种重复现象扭曲了我们的看法，蒙蔽了我们的认知能力，使我们无法真正认识我们的伴侣可以是一个真正的聆听者。

当然，每个人常常也有珍贵的回忆，我们会使用照片和视频记录珍贵的时刻。我们成长的经历在我们的家庭和婚姻生活中占有重要地位。我们在这里探讨的内容是一些需要遗忘的过去，这意味着我们不能让这些经历牵引我们的生活。如果我们武断地假设过去的经历在现在的关系中一定会重演，那么过去的消极模式就很有可能反复呈现并茁壮成长。

你对他人的态度取决于你对他们的认知
他人对你的态度取决于你如何对待他们

换句话说，如果我认为你是一位糟糕的倾听者，我也将用同样的方式对待你，即我将把你视为不听我讲话的人，我因此提高我的声音或以相同的方式对待你。我认为你是一个非倾听者，所以我也不会和你认真沟通。

我们根据对人的认知，以不同的方式对待不同的人。如果我们认为他们不会听我们讲话，我们就不会好好地对他们讲话。当然，不需多长时间，我们本来武断的预判，也变为现实了。

婚姻中有很多此类现象，比如下面这个涉及不信任的例子。假如你来自一个父亲出轨的家庭。此外，你的第一任丈夫也出轨了。你现在再婚，而在你的脑海里，你担心有一天现任的丈夫也会出现出轨的行为。因此，你每次都会对他因公出差而大发雷霆，并每晚审问他，对他的饮酒量超级警惕。他自己可能从没想过欺骗你，并且对自己的饮酒量也很负责任。然而，你的严格监管和令人窒息的行为让他越发不满。你的不健康沟通方式增加了他出现外遇或其他事件的机会，当这些事情发生时，他的行为在你脑海中恰恰再次证实了男人是不值得信任的这种信念。你可以很容易地看到你本来的预言真的变成了现实。在这个例子中，挑战自己的本能认知，并相信自己可以成为伴侣的积极影响力是非常重要的。

我读社会工作研究生第一年时，在住院部工作，每天面对患有严重抑郁症的患者，我的志向是转去门诊做更直接的治疗师工作。我努力工作，并在第二年争取到了这个位子。然而，我从未有过门诊的经验，一切对我来说都是陌生的。在之前的一年，我与两位督导建立了良好的关系，我们在一起度过了美好的时光，在此过程中，我学到了很多知识，他们也教得很用心。当我遇到第二年的督导时，甚至在学期开始之前，我记得我在简短的见面之后，一边自言自语地走向自己的车，一边说：“哇，你有没有感到刚才空气中的寒意！”我认为这个督导不喜欢我，但我不知道为什么。因为学期还没有开始，她应该根本没办法判断我的好坏。

学期开始时，她继续以不同的迹象向我表明，她对我没有什么好感。不到一个星期，她就告诉我，她不相信我可以和同班同学一起毕业。据她说我与其他学生不在同一水准上。

我提醒她我只是刚刚开始接触门诊治疗师的工作，并且说“我不明白你为什么这样想”。然而，她是一个备受尊敬的人，很多精神病专家都喜爱并尊敬她，其他经验丰富的医生都经常向她寻求建议。我开始怀疑，也许她是对的，我真的还没有准备好和同班同学一起毕业。我的信心一落千丈，我的治疗技术开始走下坡路，我的患者也都没有得到明显的改善，我的工作表现持续下降。直至最后，在十二月份，我向她递交了辞职信，我无法再坚持下去了。当我将辞呈递给她的时候，她也在同一天向我递交了一封解雇信！

幸运的是，我很快便找到了另一领域的职位。我见到我的新督导，这种感觉就像我回家一样。我可以感受并立即看到新主管对我的热情欢迎，而这一学期也变得十分值得回忆。我的大多数患者有了极大的改善，并不断地介绍其他人来机构见我、接受我的治疗。四月份，我的督导找到我并向我说道，她去了我在读的南加州大学，看到我的前督导对我的评价报告。“她写的这个人是谁？这不是我所了解的人。”我回答说：“这是前督导对我的认知。”由于现任督导的推荐，这家机构在我毕业之际便聘请我继续工作。

我从一个“还没有准备好和同班同学一起毕业”的人，成为一个凭借足够好的成绩，在毕业之际便受聘了工作。正如你所见到的，两位主管对我不同的认知，直接影响了我的职业表现，消极的或是积极的。

我的个人经验也是为了体现我们的行为真的会受到他人对我们看法的影响——而他们对待我们的态度也受到我们对他们认知的影响。对他人消极的预判会影响他人对我们的认知，从而影响他人的行为，这也恰恰印证了我们的武断预判，延续了恶性循环。

• • • 消极意念导致恶性循环的示例

我的伴侣是一个糟糕的倾听者；

我的伴侣不能正确处理钱财；

我的伴侣将会有外遇；

我的伴侣太严肃了；

我的伴侣是一个控制狂；

我的伴侣太软弱了；

我的伴侣是性压抑者；

我的伴侣不善于表达自己的感情；

我的伴侣总以自我为中心；

我的伴侣很幼稚；

……

这些评价可以继续写下去，永无止境。以上也是我在办公室里最常听到的认知或信念，它们最终限制了伴侣关系及其成长。

大多数人是可以改变的

人们倾向于不仅观察自己，也观察其他人，犹如他们是一个个“固定的行为模式”。我们常常通过行为定义自己和他人。但事实是，基于我们以往的环境，我们已经形成固有的说话、行为、感觉、想象和思维模式。如果我们改变当前的环境，那么我们则很有可能开发新的说话、行为、感觉、想象和思维模式。人的可塑性远远超乎我们自己的想象。我们就像变硬之前的泥土，可以学习新模式。我们不了解人们作为伴侣、朋友或在其他领域中的潜力。如果我们谨记人是可以改变的想法，相信他们有超越自己成长的能力，我们将对他人另眼相看，而不是把他人作为一个一成不变的个体看待。

认识人的可塑性是非常重要的，这大概是培育长久而热烈的婚姻最重要的信仰之一。当一对伴侣向我寻求帮助，我做的第一件事情便是给予他们希望。其中之一的方法是告诉或提醒他们，人们是可以以一种健康、更有建设性的方式得到改变的，即使历史表明，他们被困在陈旧的行为模式中。作为一名治疗师，我需要做的就是帮助他们建造一个环境，使人的这种灵活性应运而生。

不要等待从不同的角度认识你的伴侣，就从现在开始

我们需要立即认识我们对伴侣的认知在伴侣关系中饰演着一个重要的角色。现在我们可以自问一下，“我对对方的本能认知是什么？”

举例来说，我曾接触过一对伴侣——汤姆和玛丽，他们最终学会了如何操纵本能认知。玛丽太过专注于孩子，常常使丈夫感到自己被冷漠于一旁。在对她的行为获得更多的了解之后，我发现这就是她的安全网。她觉得在孩子身边非常安全。由于丈夫对她十分严厉，因此她认为丈夫是一个情绪激动甚至危险的人。丈夫成功且有权势——在丈夫身边她感到很卑微。我问她，丈夫回到家，当她听到丈夫的脚步声临近门前时，会有怎样的感觉。她说，她会立即感到心里七上八下的，想要逃走。我告诉她当她开始有这种感觉的时候，告诉自己——“与其觉得自己的丈夫是个可怕的人，不如尝试提醒自己他是一个有感受和见解并不危险的人。”之后，她问我在以新方式认识丈夫时，她应该在丈夫面前有何种表现。

治疗后的第一天，当她听到丈夫临近门前的脚步声时，她按照我们讨论的建议提醒自己。当丈夫进门时，她没有立即转向孩子们，而是告诉丈夫自己的感受。她告诉丈夫自己七上八下的心情及想要逃脱的意念。她知道这种心情是本能反应的一部分。事实上，她向丈夫表达自己的真正感受已经表示她将丈夫视为一个值得信赖的人，足以让她在丈夫面前寻求安全。换句话说，自她向丈夫表达对他的恐惧感的那一刻起，她开始对丈夫产生了安全感。而逃向孩子们只会增加她对丈夫的“恐惧感”这种信念。通过直接表达自己，将给予她新的信仰，促使她逐渐相信他是一位充满关爱的丈夫，可以安全地与他相依。他对此给予了完美的回应！他说道，“谢天谢地你告诉我。我很抱歉让你有这种感觉。”然后，他给了她一个拥抱，这就是行为模式变化的开始。

如果我们可以从不同的角度认识我们的伴侣，我们便会得到理想的结果，越早越好。如上述实例，它可能不会有立竿见影之效，但我鼓励人们相信他们的认知力量。我们时常会说，当伴侣的行为有所改变，我们也将随之改变我们的认知。而我所做的是扭转这个因果秩序。与其等待行为改

变，不如直接改变认知，将认知改变成一个更积极的行为，即使之前有过积极行为的历史记录。之后，你将看到新认知对你的影响，特别是在长期的伴侣关系中。

尝试新认知

给自己一个体验新认知的机会。以下列方式审视这些尝试是非常重要的：我们具有创造能力，包括人际关系上的创意。想象一下创作了一首乐曲的音乐家，或创作了一幅画像的艺术家。他们不会等待画像本能出现在画纸上，或等待音乐本能演奏起来。他们将会主动出击，为此做出努力。

我从 7 岁开始学习手风琴演奏。我认读音符，演奏乐曲。最近，我开始学习爵士乐和蓝调的即兴创作。在学习了一些基本的蓝调和爵士音阶后，我开始尝试新的音乐。创作自己的音乐是一个美妙的释放过程。我依然喜欢看乐谱，演奏曲调，学习体验新曲调的知识，并且不受限制，这是一个与众不同且非常愉快的过程，更何况这一过程具有很高的创造力。在学习了基本的知识之后，我能够依照所选的演奏音符制作乐谱，并且这种选择是无止境的。同样，一旦你找出需要培养的积极认知，你可以从多不胜数的陈述和行为中选择，这将支持你形成正在培养的积极信念。人际创造力意味着你会力争双方关系的改变，这通常需要很大的勇气，需要超越成为一名爵士手风琴手的勇气。究其原因，起初的担心是源于一个巨大的未知数。我的伴侣对这个新的、原有的认知或行为会有怎样的反应？艺术家和音乐家曾告诉我，当其他人看到或听到他们的作品时，他们内心有多么的惶恐。这是他们的创作作品，他们不确定人们对这些作品会有何种反应。与此相比，有时你希望你的伴侣能接受你、善待你的恐慌更具威胁性。当我们进行本能认知和本能行为时，这是保护自己免受虚构伤害的常用方式。汤姆和玛丽的案例说明了这一点。多年来，玛丽受其恐慌推动而疏远丈夫，并形成对育儿过程的过度参与。这是一个非常被动的处境，与创造性是完全对立的。创造性和被动是两个完全对立的概念。创造性始于一个解决问题的想法，由此，我可以创建一个解决方案。这涉及风险，需要将自己暴露在那里，并且不对他人的本能行为随声附和。

大卫 · 施耐克，《Passionate Marriage》（《激情的婚姻》）和《Resurrecting

Sex》（《复活的性爱》）的作者，在《复活的性爱》中讲到，每个人对新的行为方式需要平均有六次尝试，方可从中获取积极的结果。伴侣可能正在保护自己，并以旧式的自我保护方式行事。你要想从对方中得到你想要的事物，持久性、勇气和信心看起来是完全值得的。

作为尝试，我不断地强调交谈、身体接触以及其他沟通方式的重要性。在这一过程中，关系变成认知和行为的人际交往实验的组成部分。

这与我们通常看待伴侣关系的方式十分不同。伴侣关系并不只是日常生活压力的避风港。在尝试新认知和新行为之间，你可以休息，但是要让喘息保持为暂时的。伴侣关系的创造性是一个持续的过程。一个人的认知是十分强大的，他们对伴侣关系有着巨大的影响。尝试新事物，观察其结果是一个非常重要的过程。一个善于尝试的人，是不会轻易放弃的。他会执着地坚持下去，即使另一个人在最初对新行为不会产生积极的反应。

积极的认知最终唤起了期望的行为（大多数情况下）

有人格障碍或其他心理障碍的人有可能真正难以改变。一个有人格障碍的人可能永远无法以你期望的方式对待你。然而，在大多数情况下，当我们相信我们的配偶是绝对最完美的，我们在他们面前就会有不同的行为，而且我们会将他们最美好的一面体现出来。我们需要使之成为我们的信念。什么是信仰？信仰基本上就是一种意念，需要我们对其投入大量思想和精力。我们通常所有的信念是本能存在的，其目的是在我们还是孩子的时候，让我们更理解这个世界，或保护自己远离危险。我们相信在某个地方，有某个事物正在对我们产生威胁。换句话说，信仰是有其缘由的。问题是，我们的本能信仰通常是要付出代价的。如果你认为你的伴侣会令你失望，那么，在你期望更多的时候，你就不会太过于失望。如果你在爬楼梯时，不小心从第二个梯蹬跌下来，那么你的伤痛肯定没有从第七个梯蹬跌下来严重。如果我之前受过伤害，无论是来自现任的配偶、过去的配偶、父母或其他照顾者，我的本能反应将是避免失望、沮丧或伤害。我的应对机制将形成谨慎行事的反馈机制。换句话说，我不会认为你是完美的，因为我可能会再次受到伤害。为了视你为完美的人，我需要愿意再次受到伤害，而不是明哲保身。在后面的章节中，我们将更多地谈论关于开放和勇敢的话题。请记住，这一切都从新认知的尝试开始，如此，你便可能在你的伴侣关系中开始螺旋式地上升。

• • • 螺旋式上升会是什么样子

你沉浸在完美妻子的美好想象中，你还记得过去对她的真实体会。你超越问题，并想象她是一个比以往任何时候都更有爱心的人，更____（此处可以填入你能想到的词）的人。在你眼中，她的缺点使她更加人性化。你记得她所有的优点。你认为她的“不太理想”模式只是暂时性的，而且是可以改变的。从你看到她对你持有的关怀和爱心的那一刻起，你就已经以不同的眼光来看待她了，即便她可能在最近并没有任何表示。你的声音是温柔而体贴的，正如你相信她会倾听你所说的话语。你柔和的眼神取代了苛刻的目光，即使在几分钟前，你可能对对方感到失意。她似乎依然不高兴，但是她的愤怒转移至悲伤，然后可能是眼泪。她突然走过来，拥抱你并向你讲述她的痛苦，此时她更加脆弱。在她说话的语气中，没有丝毫的攻击情绪。在这个时刻，你处于一个可以和她愈合、连接和成长的机会中。在第二章，你将学习通过更多建设性的方式处理情感的痛苦。你将学会改变认知，根据第二章中的内容，习得成人与成人的沟通方式。这个过程我们都需要近距离感受，但同时我们都害怕它。如果要从改变到更积极的认知，我们要创建一个安全的氛围，让亲近变得更容易。

• • • 亲身事例

我来自一个大家庭，我们的父母经常吵架，对彼此不满。我从很小的时候便学到如果我在学校听话，好好表现自己，做一个全面发展的“好孩子”，便可以给我父母一个高兴的理由。因而我取悦他人，换取一致好评及认可。潜意识的目标是为了确保身边的人都感到满意。

我结婚 24 年，在我的婚姻关系中，因为我的潜意识目标仍是“取悦对方”，因此我很难为自己争取。在婚姻的初始阶段，我认为我的妻子对我的制约很强，而且永不屈服。在某些时刻，我明白了我的认知混淆了我对她的真实看法，并局限了这场婚姻的关系。我问自己，“如果我认为她是一个灵活好说话的人，那么我对她会有什么样的反应？”如果在我的认知中她是一个灵活的人，那么我会要求她给予更多我所需的事物。我决定给她更多体现这种灵活性的机会。之后，我学会了一些有趣的事情，并且发现她真的是个非常灵活且好说话的人！有时她不喜欢我的所作所为，有时她会对我的建议感到沮丧，但是在很多情况下，她还是会接受并照做。发展到后来，有时我屈服，有时她让步。她不是一个按部就班的人，但她是一个持有不同感情、喜好或欲望的人。当我们处理一些事物时，如果我们彼此持反对意见，这就是一个分歧。当我以积极的态度对待她，与她谈论，对她另眼相看，这一切便会变得与众不同。

模式是可以改变的，而改变从你开始。当然，孤掌难鸣，但不要等你的伴侣先开始改变。从新认知尝试开始，试想一下你的伴侣是一位美妙绝伦的配偶。我遇见过成千上万的伴侣，包括我自己的伴侣，当你以不同的方式看待对方，不计前嫌，这种新认知将会带出你伴侣的另一面。

• • • 将你伴侣最美好的一面展现出来

想象一下你的伴侣拥有更多你希望有的特性，你会如何与她交谈？你会如何看待她？你会向她提出什么要求？你会怎样爱抚她？之后用你设想中的方式与她交谈、看待她、询问她并爱抚她。

我常常问自己：“我从自己身上能带出哪些新鲜不同的态度和行为，可以让我的伴侣更容易成为我理想中的配偶？”例如，如果你希望你的伴侣可以更容易接纳新事物，那么你也许需要成为一名更好的倾听者。当你成为一个好的倾听者时，你会发现有更多的机会来影响你伴侣的行为。

如果你的关系陷入窠臼，出现距离和怨恨，你要告诉她你陷入僵局、忘记她的美丽和迷人个性等，是因为你一直以来消极的认知。通过拥抱和温柔证明你对她的爱。不要等到你“感觉”想这么做，更不要等待你的伴侣先迈出做出改变的第一步，以不同的方式看待或对待你。

你的新创意行为能为你的伴侣带来惊喜。一开始，她也许并不能相信和接纳你的新行为，此时要容忍可能发生的冲突，使她安心，让她感受到真实的你。坚持新的行为模式，随着时间的推移她将对此建立信任，并开始享受真实的你。

第三节　高影响力伴侣

“无论我做什么都无法满足她的意愿。”你是否有这种感觉？你是否对永远无法取悦伴侣而感到沮丧？你是否认为自己作为配偶为家庭、财务等做出了巨大的贡献？然而，你的伴侣却只专注于消极的一面？许多配偶都经历过这种无奈。察觉未得到满足的配偶是很容易的，但取悦不知感恩或喜怒无常的配偶则是非常艰巨的。然而，她的不悦可能存在另外一个原因，并且可能有一个相对简单的解决方案可以解决她的失望和你的无奈。

你最薄弱的环节

高影响力伴侣是指，配偶所做的事情或所说的话语可以极大地提升对方的能力。高影响力伴侣可以对对方发挥出最显著的积极作用。你可以问一下自己，“什么会让我的伴侣满意？她喜欢什么？我的伴侣最希望从我这里得到什么，如果我给了她，她会不会心花怒放？”你可以以各种方式赋予，但如果你所做的并非是她的情感福祉中至关重要的，你将不会得到你想要的事物。例如，你可能是一个事事上手的人，你可以修复房屋的所有问题，制作家具及其他可以提高生活质量的事情。除此之外，你可能会帮助她管教孩子，为家里带来充足的资金收入，甚至有时会洗碗！同时，你的妻子想在感情上更加贴近你。她希望更好地了解你的感受、你想要的事物及你的梦想。她也希望你对她的事物、经历表现出兴趣。她希望你向她提出的问题可以让她表达自己的感情。任凭你付出了所有，如果你不能花时间和精力去体会她的亲密情感需求，她可能仍不会感到满足。作为一名高影响力伴侣，你要搞清楚你的伴侣的核心需求是什么。你可能需要走出自己的安乐窝，以满足她的需求。对她的感受赋予注意力，以及表达自己的感受可能不是你与生俱来的技能。它需要你经常放弃自己欠发达的方面，才能成为高影响力伴侣。

• • • 好奇心

你应该对伴侣的需求持有好奇心。什么会让你的配偶感到充满活力？什么会刺激她的灵魂？什么会激励你的伴侣？你也需要将这些问题运用在你的身上。这些问题的答案可以成为创造有益生活方式的决策路标。你的答案可以帮助你计划生活的每一天，以确保你所经历的事情将唤起你和你伴侣的热情。为了有一个“长久而热烈的婚姻”，每个人都需要有一个情感火花；有生存的喜悦感觉和投入彼此的高度能量。作为一对伴侣的一部分，它能帮助你们找到火花。

• • • 高影响力伴侣实例

泰德和洛瑞结婚多年，有一个 13 岁的女儿。泰德是一名电工，自己创建了一家小型但成功的公司。他的妻子是办公室经理兼会计师。泰德擅长快速处理危机，无论是技术上的还是人际关系方面的。但是有时候，他不能仔细考虑解决问题的方式，这可能会对他的行为模式设定不良先例。在他的家庭生活中，他也是活在当下的，有时吃太多、喝太多并希望与妻子发生性关系。他的妻子因他的超重及过度饮食和饮酒习惯，觉得丈夫缺乏吸引力。洛瑞是一位具有吸引力且充满活力的女性，她的事业正在蓬勃发展，而她也不断追求进步。这种“进步”的需要可从工作和家庭两方面同时体现出来。当她谈论工作中取得的进步，或女儿获得的显著成就，或丈夫在工作中接受挑战的风度和技能时，她的脸上立即会显示出神采飞扬的表情。然而，在性方面，她感到丈夫的体型走样，因而他们无法像以前那样享受性生活。在工作上，尽管丈夫是一位具有高超技能、适应性强的危机管理者，但她仍无法预见丈夫所做的一切是否可以帮助企业成长。她不断地向丈夫提出消极的反馈，告诉丈夫他无法满足她的性需求，及解决其他方面的问题，她的丈夫为此感到非常生气。

在治疗中，我帮助这对伴侣了解彼此的核心需求。让他们缓和对彼此的看法。泰德视妻子为不接纳而且控制欲较强的人，但他开始理解妻子对进步和掌握的需求。为此，他没有抗拒妻子，取而代之的是，他开始激励自己养成健康饮食的习惯。他减少了饮酒量，并开始加强锻炼，从而提高了自己的信心及享受性爱的能力。他愿意“进步”、改善自己的健康状况等行为，对妻子产生了巨大的积极影响。她能体会到他对刺激和乐趣的向往，由此她也为丈夫提升了自己的乐趣!

在工作中，他们都学会欣赏彼此的优势并进行互补。他意识到，即使他不得不把重点放在现在，他也需要着眼未来，眼观全局。这并不是他的本能选择，如果让他的本能习惯做主，他甚至不会思考他处理工作挑战的方式对未来产生的影响。洛瑞需要对井井有条的事物放手。她明白，如果丈夫总是需要自查，而不是自发性地产生积极改变，最终他将耗尽自己的精力。她将他对自由和自发性的需求视为一种有效需求，而不是实现持续进步和理想策略的障碍物。

泰德和洛瑞认识了对方的核心需求，并不断改善自己，尽力满足彼此所需。这种延伸需要在有意识及始终如一的情况下完成。他们像我们一样也会偶尔遭受挫折。他会感到她的控制欲太强，而她会认为他情绪太冲动。但是，对于这对伴侣，值得高兴的是他们能够转移他们的权力斗争，并返回学习成为彼此的高影响力伴侣的核心原则。

• • • 注意什么可以提升伴侣的能量

这里有一个很好的问题可以询问你的伴侣：“如果你有机会让你感到更具活力，你想做什么？”你需要了解什么会让你的伴侣感到因生存而高兴，并鼓励这些行为。因此，很显然，当你做到这一点的时候，将会有两位赢家：你的伴侣是一个赢家是因为她感受到生存的意义和激情，而你的受益是因为当她有这种感觉的时候，她会给予你更多积极的关注。

我的妻子很喜欢以色列的民间舞蹈，我也喜欢，但是由于我的协调性没有妻子那样好，因此这个舞蹈对我来说仍是一个巨大挑战。我鼓励妻子每周都去参加舞蹈班，即使另外一部分的我希望她能留在家中，这样我就不会独自一人应对孩子们的功课、睡觉等事情。但当她从舞蹈班回来的时候，她会沉浸在美妙的心情中，并且对待我像对待年度最佳丈夫一般。

当我为伴侣治疗时，有时我会说，如果一位伴侣总是以自己的方式处事，那么另一方可能太迁就了。当这种事情发生时，两者最终都会成为输家。如果你的伴侣太过迁就，并且不会做一些自己喜欢的事情，那么她的活力将会递减。一个人处于活力顶点时，才会形成快乐、激情和热忱。一个人处于活力最低点时，便会变得沮丧或麻木不仁。在这两个极端之间有一个连续体。在活力最低的时候，她将不会想与你发生性关系，因为她不会受到刺激，或者是太累了。有时，一方需要牺牲才有可能拯救另一方的活力，就像当我的妻子去参加以色列民间舞蹈班时，我需要在家做的一切事情。两人之间必须有一个不断给予和获取的关系。

这里有几个问题你可以询问自己或你的伴侣：

你需要与哪种类型的人在一起才会激发起你的活力？

你需要独处时间吗？

你需要有很多人在身边吗？

作为你的配偶，我需要做什么事情或说什么样的话语才能让你有美好的一天？

你的梦想是什么？

你有秘密幻想吗？

你对你的工作充满热忱吗？如果没有，你喜欢什么样的工作？

如果你可以重新安排更适合你的生活，你会选择哪种生活呢？

当然，这些问题都是举例而已，但我相信你已经了解其中的意义。持续注意有什么事物可以满足你的伴侣。

高影响力伴侣的另一个实例

鲍勃和南希。南希对丈夫感到心灰意冷。他们之间最大的问题是他们的大儿子。他们的大儿子现在已经20多岁了，仍住在家里，他没有找工作或读书，由父母养活。南希希望鲍勃能拿出做父亲的威严，向儿子发出最后通牒——“找一份工作，并开始在一个月内交付房租，或者从家里搬出去。”鲍勃对儿子做出了最终声明。鲍勃是一位非常被动的父亲，从不给孩子们设定界限。整个家似乎由孩子们在经营，孩子们可以将家里搞得天翻地覆，而作为父母，没有为孩子们设定任何规矩，反而为了维持平和，屈服于孩子们。他曾努力改变自己的教养方式，不仅是对大儿子，所有三个孩子都是一样的。尽管他的教养方式有所长进，但妻子仍感到很沮丧。她的脸上经常显示出带有酸味的表情，而鲍勃也越来越灰心。他准备放弃。

我意识到，南希总是需要管理和监督所有事物，她承担了太多的阳刚之气的作用，她真正需要的是女人味。她需要感受“我的丈夫为我而强壮，并为我存在”。尽管丈夫在教养方式中取得了一定的进展，但他仍需要遵循妻子的指示，他需要更多的影响力，并给南希机会回应他。“我要你在这个环节中，立即对南希发挥影响。你现在需要做的是让她感受到希望、女人味，并给她另一种良好的感觉。”他看着我，我们相互注视了大概一两分钟。但我并没有说什么。片刻之后，他将妻子搂在臂弯里，并在她的嘴唇上给了一个强有力的热吻。她很惊讶，你可以看到她整个态度与先前相比，发生了巨大的变化。我问到，“他在家里也会这样做吗？”她说，“从来没有。”

他在我办公室做出的行为与家教方式，并不仅仅是为了配合我的工作。这是他勇敢地主动开始互动，给妻子一个接收并回应他的机会。妻子已经完全被软化了，他们手牵手地走出了我的办公室。他们之间的感情转变在接下来的几个月中不断升温，而他们的儿子仍和他们住在一起。大儿子因没有去找工作，最终被赶出家门。该实例中的显著点是，尽管两者之间关系的危机与儿子有关，但他们自身的行为才是影响彼此关系的最大因素，丈夫主动发起的领导能力唤起了妻子的新感受。他做了一件自发性的事情，而她非常喜欢。

告诉自己你将是一个具有高影响力的伴侣。询问自己“什么是我最难做到的事情，但做到之后，我是否可能有机会为我的伴侣产生积极的影响？”询问这个问题通常会引导你产生很多想法。有时候，这些想法在遵循过程中需要你容忍其中产生的焦虑或不适。如果它不是一个自然的行为，要愿意接受容忍部分焦虑，这样才能获取高影响力伴侣的益处。

• • • 实践中的工具

1. 崇尚“逻辑思维”的丈夫每天至少倾注 10 分钟的时间与“感情至上”的妻子分享或倾听。

2. 性保守的妻子通过性感舞蹈为她的丈夫带来惊喜。

3. 饮酒过量的丈夫参与戒酒小组，并表明愿意“清理他的生活”。

4. 喜欢花钱减压的妻子选择参与治疗，并在家庭预算之内找到生活满足的感觉。

5. 过于严肃的丈夫将妻子从沙发上拉起，并与她在客厅中翩翩起舞。

6. 一个过于挑剔的妻子开始一个新习惯，即告诉丈夫自己对他的感激之情。

你可能会见到自己在一个或多个场景中，或者你可以自己想象一个场景，其中你和你的伴侣不断地给予，但不是在影响最大的区域中。你也许可以想象这类行为变化的影响。如同你发现你最高的杠杆作用行动，你可以期待你的新行为转化为变革力量及关系中的活力。

第二章

冲突处理

第四节　开发情感肌肉

应激反应

我认为伴侣们面临的挑战，很多时候都可以归结为一点：我们还未找到一种健康的方式来处理冲突。我们的父母和祖父母没有告诉我们一些富有建设性的方式来处理冲突。我们看到的是伴侣给对方的应激反应。该反应可以以一种或两种方式表现：它可能是 1. 对抗反应，或 2. 逃避反应。对抗和逃避是应对潜在威胁最常见的方式。但大多数时候，潜在威胁是一种错觉——一种让伴侣保持断裂的错觉。

如果伴侣给你一种消极的感觉，而你以防守作为回应，那么你有可能会使不良的情况加重。由于你没有考虑到她的感觉，你的伴侣可能会比之前更加愤怒。我们的消极反应越多，消极的情绪便会加重，之后，便形成一个恶性循环。

第 6 个月的第 10 天

很久以前的一个研究发现，一对中年伴侣会在第 6 个月的第 10 天失去爱的感觉。你可以开玩笑地说，在第 6 个月的第 9 天，痛苦还未真正的出现。当我们作为伴侣第一次在一起的时候，所有的一切都是美好的！我们陷入热恋，并只看到积极的一面。如果消极抬起它丑陋的面孔，我将会把它推到一边，因为我们不希望有任何事物干扰我们与伴侣共度美好的时刻。一切都是幸福快乐的。但到了一定时期，现实会出现在我们面前，我们痛苦地意识到，我们并不完美。取悦他人本不是与生俱来的技能，包括我们的伴侣，因此我们在第 6 个月的第 10 天会唤醒彼此的痛处。当然，这种情况在部分伴侣中可能会出现得较早或较晚。当痛苦首次出现的时候，我们不知道该如何处理这种行为。通常，一方会试图隐藏它、压制它，不想破坏美好的时刻。在另一方面，一方可能会以应激反应面对它，以减少他的紧张情绪。

• • • 情感捕捉的游戏

你的伴侣向你表达痛苦，你可能也在痛苦当中。你面对痛苦的方式经常是应激反应，所以不存在给予和获取。我通常会推荐伴侣考虑练习一个叫“捕捉”的游戏。你扔一个球给她，如果她接到了，则说明它是可接受的。但是如果你扔一个球给她，她只是视而不理，球落到地上，那么这个结果是非常令人沮丧的。我们必须学会如何以相同的方式“捕捉”感受。如果她向你倾诉感觉或认知，你的工作是“捕捉”它。你必须完全接受之后，再将它抛回给她。我们的父母和祖父母也许并没有这样做。我们通常看到的是一方竭力保护自己或与伴侣争辩。这就是为什么我们总是对伴侣讲不要因为有问题而难为自己或对方。沟通和连接的问题是不可避免的。有很多事情会导致压力和不良情绪。切记不要自责，或不必要地判断你的伴侣。取而代之的是问一下我们应该如何往前走，并汲取这方面的经验？我们如何才能学会进化，这样我就可以面对痛苦，使其不会操纵我们的关系？

• • • 开发听力肌肉

我们不是因为锻炼才有肌肉，我们本身就有肌肉。但是如果一个人想要变得更强壮，他就必须经常锻炼这些肌肉，并让它们更加突出。同样，我们的内心原本就是有倾听能力的，但它仍欠缺发展。听人们谈论无关紧要的话题是一件很容易的事情，如天气。但是当听到消极的反馈，大多数人的听力肌肉就显得欠缺发展。我们往往尝试对人们所说的话语倾注所有的感情，我们以内心感觉做出反应，而不是倾听。倾听发生在对主观体验表达感情的时候，伴侣将敞开心扉接收这种感觉(就像捕捉到球)。如果我的伴侣想要表达某种事物，而我的回应方式让她感到我没有在听她讲述，那么我肯定从一开始就没有听进去，即使我认为我在听。如果表述人无法感到你在认真地听其讲述，那么你一定没有听。倾听的艺术需要很多努力。我们必须学会开发我们的听力肌肉。

当谈及开发你的听力技巧，婚姻便是举重室。举重室设有杠铃和机械来挑战你的身体，而婚姻挑战的是你的情感，因为这里的痛苦可能重于其他任何关系。这主要是因为在婚姻关系中，我们对彼此都抱有亲切自然的期望和需求。当挑战婚姻的自然性时，我们需要学会如何平息我们的身体和心灵，以听取伴侣的情感描述。当我们的伴侣表达对她来说十分珍贵的东西时，我们表露自己的不适感显然是不合适的。当我们以这种方式做出回应，我们肯定在我们的场地内“放弃了”。

首先，学习放松是非常重要的。你需要学会如何深吸气至你的膈膜，然后深深地呼出。练习深呼吸，放松你的肌肉并接受自己。有时候，你的伴侣可能对你所说或所做的事情产生反感，而评判或批评你。在这些时候，我敢断言，安慰自己便成为你自己的责任，同时还要在她的评判之中接受自己的价值。深呼吸可以帮助你保持中心立场，这样你才可能在这种具有挑战的情况下，听到对方的陈述。

你需要做的第二件事情是不要过于以自己为中心。你需要将精力集中在你的伴侣身上及关照她的情感需求，而不是你自己的东西。从自己的运行轨道上转移出来（你自己的想法、感受等），这样才不会轻易地陷入困境。当你对伴侣所讲的话感到不舒服或持相反意见时，尝试站在她的角度上考虑她的感受，尝试着想象一下她现在所经历的事情，让伴侣的经历和感情站在舞台的中央。你现在所感觉的一切都不是那么重要，可以置于一边，稍后处理。

第三件要做的事情是行为上的表现。无论是说“是”或仅仅重复她的话，让她知道你不仅身体在她面前，而且你的情绪也跟随着她的话语。你听到她所讲的一切。通过点头确认她所讲的话是一个非常有效的方式，可以让她知道你在随着她的情感走（切记以真诚姿态做到这一点，而不是机械式的方式）。这种倾听类似于做一名好记者。一名优秀的记者会通过询问开放式或非结构式的问题，把全部注意力集中在被采访的人身上，从而汲取尽可能多的信息。他也会重复检查信息，以确认你的看法是否是正确的。他希望被采访人可以在第二天起床后在报纸上阅读到他的故事，并说“是的，他写的内容是完全正确的！他真的明白我所说的一切！”一个正在开发自己听力肌肉的倾听者也应该学会提出开放式或非结构式的问题。他很好奇并要求他的伴侣告诉他更多详细内容，给出一些外在的手势，确保伴侣知道你理解了她的意思。

我在办公室里为伴侣们提供倾听的锻炼。我们选择了一个充满激情的主题，规则是，他们需要倾听对方，如果一方处于防守的姿态，我将阻止这种反应，并让倾听的一方完成以下几个步骤。

1. 自我舒缓。深吸气至你的膈膜，然后深深地把气呼出来。这样反复做几次，直至心情平复为止。提醒自己，你能做到。

2. 重新调整你对伴侣的注意力，及他在向你表达什么。

3. 给他一些口头或非口头的提示，说明你正在倾听。

一旦沟通回到正轨，一方开始执行上述步骤，我就要求她通过提问从对方那里获取更多的信息。这一过程是非常艰难的，因为其中一大部分都是她不想听到的，尤其是当所陈述的内容唤起她不舒服的感觉时。在该练习完成之后，他们之间进行了更多的交流，我要求她总结一下她认为丈夫现在正在经历的事情或感觉。如果她有听丈夫所说的一切，她可以选择转换，由她来讲述。如果没有，他们要不停地交换信息，直至双方彼此了解、融洽。之后，更换丈夫为倾听者，我以相同的方式引导他完成以上步骤。

在结束之前，我给他们布置了一份家庭作业，要求伴侣们回家继续练习双方间的倾听能力。各位读者在进行该项训练时可能或不会有第三方在场，比如有治疗师在场来保证你们在正确的轨道上运行。如果你们没有这种奢侈条件(有时是必要的)，那么就请你为对方拿出一些关爱和耐心一起完成这个练习。在你做练习的时候，必须放下自我意识。否则，该练习将会变成一场辩论。

有时人们可能会认为这个方法太结构化、太机械化，但是它只是你初期一个适应性工具，以帮助你开发出新的听力肌肉。以下小节对成功完成本练习非常重要。

开发建设性的表达能力

你要尝试问一下自己：我应该如何表达才能让别人更容易接受？我们必须明白，倾听是一件非常困难的事情。不幸的是，我们的祖先并未教我们如何倾听。表达者必须以最有效的方式表达自己，从而使听者更容易与你讲的内容相连接，并且不会因此而产生攻击感。

首先，你要学会说“我”的语句。如果你在健康沟通中学到了所有的知识，那么你已经学会了这个基本且必要的概念。从“我很难过”或“我很生气”等开始，表达你的感受。这可以揭示一些关于你的事情。在说完这句话以后，你可能会比之前更脆弱。人们通常会说，“我感到……”。当你说到“我感到”，那么接下来，你可能会揭示一个想法或判断。其中的一个例子是，“我觉得你是一个非常糟糕的听众”，相对于“你不听我说话，我感到受到伤害了”。第二种方式推动了一些认识并揭示了表达者的感受。“我对你的无视感到很失望”“当你做这种事情的时候，我感到很愤怒”，以及“我只想让你在我讲话的时候，放下报纸，看着我的眼睛”。这些都是“我”的语句。

第一个规则是“我”的语句，而不是“你”的声明，因为“你”通常会更容易让人对某种形式的判断和批评产生对抗感。

第二个规则是把你的伴侣想象成一位善于倾听的人，即便是过去的经历任由他说。在你说出第一个字之前，给自己一点时间并注意你是否已经自动认知你的伴侣将会对你说的话做出反应或漠不关心。建立一个有意识的认知，即你的伴侣具有听你诉说的能力。

第三个有用的方法是成为一名富有建设性的健谈者或传播者，即在表达消极想法之前，你可能希望添加一些积极的想法进去。假设你的伴侣精神不集中，或对你不理不睬。你可以告诉他，“我知道你一直在努力听我讲话，我真的很感激，但是你最近几天好像有些倒退，我感到有些伤心了”。这是你表达自己的一种有效方法，或者你也可以说，“我知道你最近在工作上不顺利，我明白，但是我仍需要你听我讲话”。这样，你便给了你的伴侣一些被理解的感觉。这种态度将有望引导你们之间产生一个低防御、高效率的沟通过程。

• • • 身体意识的重要性

当你进行沟通或阅读的时候，尝试注意你腹部的感觉。它是松弛的还是紧绷的？现在注意你下颚部位的感觉，是紧绷的还是放松的？如果你坐下来，注意无论你是坐在什么物体上面，感受你臀部的感觉。你也许会意识到，在我要求你集中注意力之前，那些感觉就已经存在了。然而，你之前并没有注意到这些感受，直至我要求你去体会。这就是身体的意识，感受你身体在某一特定时刻的感觉是开发强壮沟通肌肉的工具。如果你尝试与你的配偶交流，但没有注意到身体所积累的紧张感，那么很有可能你会在无意识的情况下做出应激反应，以消除这些不舒服的感觉。你可能会通过抵抗或逃避的反应达到此目的，比如叫喊、回避或过度反应。如果你选择了解你的身体会发生什么样的变化，你只需注意它的改变，并使用一个有创造性的行为来应对痛苦。你的意识选择可以包括：

- 在你专注于伴侣的不适时，忍受你的不适；
- 与你的伴侣分享你的感受；
- 自我舒缓放松，以减轻紧张感。

我们中很多人，尤其是男性，很少把注意力集中在我们的身体感觉和感受上。其实这种对感觉的关注并不难做到，你只需要将注意力从你专注的事情上转移，并有意识地重新聚焦到你的身体上。要特别注意你的心脏和腹部位置。我们的身体包含了很多与我们相关的信息，我可以从中了解这些信息，但前提是我们必须要集中精力。

我以前经常会组织一整天的压力管理小组，在小组开始时，我会询问每位出席者的压力等级。其中有一个特别小组，组员大多数是来自不同种族和民族的男士。他们中很多人称自己没有任何压力。之后，一位来自印度的男士，大概 50 多岁，举起了他的手，说到：

"如果你在 3 个月前举行类似的小组，我会像这些男士们一样告诉你——'我没有压力'。但 10 个星期之前，我遭受了突发心脏病。我现在仍在恢复当中，我一直都在参加心脏病康复支持小组，并且在学习瑜伽和冥想。让我告诉你，我的生活和身体充满了压力。我只是没有意识到这一点。我的压力来自家庭生活和工作。但是现在我意识到这一点，我可以为此做一些事情。"

我向他表示感谢，并向所有参与者保证我没有付钱给他，或提前安排这一分享。之后，他们一整天都在认真地感受！

身体意识的另一个重要方面及其与有效沟通间的关系是注意力，你的能量将集中在你的大脑及面部，或身体的深层部分，例如，你的腹部区域。这种意识需要耐心和技巧。为了理解这个概念，当你开始感到想要争斗的时候，你可能需要尽你所能地发现自己。然后注意身体的哪一部分可以感受这种能量。一个人会经常感受到攻击，他的能量将聚集到他的眼中和头部。犹如身体的这一部分变成一个盾牌，以保护更敏感的区域受到伤害和恐惧，比如心脏和腹部。通常紧随而来的便是过度、快速及应激的反应，以保护自己免受配偶或他人带来的攻击。当你意识到能量自动聚焦到你的眼中和头部时，你可以有意识地将重点重新放置于你的心脏和腹部位置，在此，你会经历更脆弱情绪的感觉。此时，你要提醒自己，你的伴侣不是敌人，而你没有身处危险之中。你需要尝试感觉你身体内的能量是否从眼中、面部和头部重新分配到你身体最脆弱的感情部位。

使用身体意识的另一方法是注意你的发声。如果你处于恐慌、被动或防御之中，你所说的话似乎发自喉咙的顶端。而深呼吸、冷静地表达自己，你会发现声音有不同的感受。你的声音会更深沉、更丰富。你发现在打哈欠的时候，你的声音会更深沉，那是因为你的声音发自身体深层。当你的声音发自喉咙顶端时，练习平复自己的心情。注意身体的感受，高调的声音意味着你在回避自己的感觉。声调越高，讲话的速度就会越快，这意味着你在无意识地尝试回避这些感受。反之，你应该深呼一口气，以更冷静、更集中的方式讲话。

习惯和惰性

当一对伴侣寻求治疗时，通常他们之间会存在权力斗争。各方均会想，“如果治疗师可以改变我的伴侣，那么一切都会变好。我感到自己是一位受害者。你只需要改变他或她，那么，一切都会好起来的。”治疗室里的感觉就像是两个敌人在相互交战。我需要让我办公室里的伴侣以及阅读本书的伴侣们理解，你不是你伴侣的敌人——你的伴侣也不是你的敌人。我们都束缚于过去和现在如何面对痛苦的局限性，并渴望知道如何成为一对健康的伴侣。我们都有行不通的习惯和模式。我们都放任对方持续这些习惯和模式，直至有一天它们成为生活的一部分。由于我们已经有了这些习惯和模式，因此会很容易重蹈覆辙。发生这种情况时，我们之间的关系便会停滞不前。这种惰性关系的生成，扼杀了积极的创意和新事物的产生。

学会识别伴侣最美好的一面。如果你的伴侣表现出一些伤人的行为或言论，请记住，你的伴侣的动机不是为了伤害你。并且还要记住，你的动机不是为了伤害你的伴侣。这里面可能存在自我保护、对抗或逃避的回应，虽然这些回应对冲突不会有什么益处，但它们不是来自对方的恶意。请记住，你们双方都有回应冲突的模式，而这种模式可能不会真正地解决任何问题。这时不如尝试一些简单的积极行为，比如手牵手，以表达你们的团结一致，并把当前的冲突状态视为你们共同的敌人。

这种团结的精彩之处在于，当你处于日常决策的战壕之中，当你面对与伴侣之间发生的挑战和冲突时，它可以为你提供帮助。你可能仍在重复之前的行为，那也没关系。没有人可以轻易、急速地改变长期持有的生存反应。这种模式是很难被打破的。取而代之的是“你将其看作相同的旧事物，你永远不会改变”。你一定要尝试专注于你们两人之间所发生的积极变化，建立你们各自实现的积极成长，放手旧行为，努力建立一个更成熟的沟通模式。随着时间和实践的推移，你们将会到达一个“临界点”。在这里，成熟、积极的行为可以变得更自然，而未成熟、抵抗的习惯则会随之减少。人们改变得很快，特别是当他们从改变的过程中获取了成就感。

• • • 保罗和金格

保罗和金格从踏进我的办公室的那一刻起就在不停地争论并相互埋怨，这不是一个非常罕见的情况。很显然，这是他们对消极行为的一种反应。金格来自一个时刻处于她控制中的家庭，她一定要成为家庭的照顾者。她每天忙碌于满足每个人的需求，而自己的需求和欲望却被忽视了。有趣的是，她的丈夫保罗是家中独子，从小到大家中所有人都围绕着他，不断地满足他的需求和欲望。

保罗习惯于居住在自己的安乐窝里，而金格则习惯于踏出自己的舒适区域。作为一对伴侣，这种现状制造出越来越多的问题。由于金格是家中唯一为家庭而努力的成员，由此她变得越来越沮丧。保罗抱怨金格，认为她应该变得更随和一些。保罗希望金格可以坐下来，放松一点。在保罗的合作下，我帮助这对伴侣看到在解决问题的过程中，他们每人可担任的角色。保罗必须学会以多种方式帮助金格建立与儿时家庭不同的家庭感觉。为了帮助她，保罗可以做一些极为简单的事情，例如，问她家中有什么可以帮忙做的事情。与此同时，金格需要学习与其作为家中的“烈士”，不如以新的期望向保罗提出她的需求和欲望。金格对保罗的认知也需要进一步的改变。

我们发起了一个改变的过程，即每次当其中一方再次屈服于旧习惯时，他会说，“让我们重新开始。”然而，他们必须通过做一些不熟悉和不舒服的事情作为回应，这对于他们来说更具有建设性。保罗需要走出他的安乐窝，金格需要学会健康的“自私”。他们在相互扶持的过程中会一起改变。保罗意识到自己需要经常走出自己的安乐窝。金格意识到事实上自己需要学会更纯熟的索取。他们将通过给予和获取、相互倾听及使用其他所学的知识，帮助彼此渡过难关。保罗需要加强自己在人际交往中的“最薄弱环节”，即自我吸收，并需要多加练习体贴。金格也需要加强自己在人际交往中的“最薄弱环节”，即自我忽视，并需要多加练习自己照顾自己。

开发情感肌肉的一些练习

1. 回想一下你与配偶的上一次对话（包括其中你因为对方按到你的情绪按钮而激起你的过度反应）

想一想哪一种恐惧感被触及了。决定要包含你的反应，忍受暂时的痛苦情绪，并保持连接你的伴侣。要求你的伴侣再次进行上一次的对话。告诉她这次你会用心听她讲话。告诉你的意识与你的伴侣保持连接，而不是无意识地不听。

2. 选择一个你避免与配偶谈论的话题

请记住，在谈话的过程中，无论你有什么样的感觉，你都可以通过自我安慰和深呼吸转移这种感觉。不要强迫说服你的伴侣，或期望某种特定的结果。在你们谈话之前，询问你的伴侣，了解她是否愿意谈论这个困难的话题。事先设置一个信号，比如停止信号，即如果谈话变得过于激烈，可以使用该信号进行暂停。在通常情况下，无论话题变得有多么棘手，如果你对伴侣充满爱并顾及对方的感觉，谈话都会以积极的结果结束。在开始对话之后，如果气氛过于激烈，使用你的信号，给予双方几分钟的时间放松，冷静下来并继续你们之间的对话。开发情感肌肉的另一种方式是在谈论艰难话题的同时握着对方的手。这是一个充满挑战的举动，因为当我们感受到不愉快的情绪时，我们通常会根据这种感觉付诸行动，而这种情绪会为我们的行为赋予更多的力量。然而，这些情绪不会破坏我对你爱的基础。当双方的感受被对方听到，尝试一下，看你们是否能够拥抱彼此，以进一步强调无论你们的感受如何，你们之间的情感联系仍是牢固的。

3. 双方可采用捕捉情绪的游戏

为了抓住一方表达(抛出)的感觉，伴侣需要练习以“接受模式”捕捉这种感觉。当进入接受模式，你需要放弃任何自己的算盘，例如，改变你的伴侣的想法或为自己辩护等。当你没有尝试控制或改变任何事物，这就是你应该有的模式。你不会抵制伴侣所说的任何内容。你在此时的任务是与你的伴侣在一起，吸收她给予的信息。如果你的身体出现紧张的情绪，那么尽最大的努力放松身心，并跟随着你的伴侣的话题。你可以重复她的话语，说“嗯”或点头。此处的关键是练习对你的伴侣所经历的情感体验给予真正的投入。练习将你所有的想法、意见和反应置之于脑后，完全认真地听取伴侣所讲述的内容。在她讲话的时候，听取内容并忘记自我。一旦你知道她已经感受到你在倾听并已接收(如果你不确定，你可以随时问她)，那么就轮到你表达了。你的表达应该以“我”的语句形式。请记住，你的目的是用爱揭示和告知，而不是说服、惩罚或训斥。抓住在伴侣面前表现脆弱的机会。如果事情开始出现差错，暂作停止，然后继续谈论。

第五节　二人伴侣，多重人格

我们的人格由多部分组成

我从两个人身上学习到了这一章节的大部分信息，道格和娜奥米，这两个人在我如何治疗伴侣的过程中有着重大的影响。在心理治疗的子性格理论中，他们是第一个通过直接体验为我提供帮助的人。子性格理论最初是由罗伯托·艾斯至俄里引入的一个概念，他也是精神综合征的发现者。子性格意指我们不仅有一种个性，事实上，我们有很多种不同的个性，它们同一时间在我们的人性内部运作。本节中的概念及其他很多概念都是开发，我称之为“成人模式”的关键。我们的最终目标是为了在一段伴侣关系中以两位成年人的姿态进行表现。

我们的人格由多个部分组成。有关爱部分、和蔼部分、独立部分、从属部分、愤怒部分以及自私部分。这些部分组成了我们的个性。我们的灵魂也是由不同的部分组成。各个部分将在不同的时间、不同的情况下触发，有时也会因他人的行为而触发。也许在一个方面，关怀和爱心可能对我们来说很容易，但也许在另一种情况下，就没那么容易了。我们可能会变得愤怒和抵抗，这是标准的人类行为，即不同的情况引发我们不同的人格。

你工作时，你的个性将不同于与朋友野餐时的个性。在亲密的关系中，伴侣的不同子性格将会在不同的时间内以各种有趣的方式出现。子性格的反应对伴侣的性生活有着巨大的影响。这就是为什么我认为谈论子性格是非常重要的。

子性格最实用的方式是当我和伴侣们尝试以独立部分定义父母、子女和成人的时候。我们有一种情感状态会让我们感到自己仍是一个孩子；另一种情感状态让我们感到自己是专制的父母；还有一种情感状态让我们感到自己像其他成人一样。孩子的部分是不断地寻求权力、肯定和安全感；父母的部分是不断地寻求管理、培育、赞美、组织或评断；成人的部分是即使在面对另一方的批评或苛求的时候，也能够维护自己的感觉。成人部分不会将其他成人看得过低或过高，它始终保持着成年人的稳定性。

这里讲一个我最喜欢的场景之一，也是我经常在办公室里见到的情景。丈夫告诉妻子他下午 6 点下班回家与家人吃饭。最终他还是出去和朋友们一起喝酒，或者在办公室待到很晚。但是他没有打电话告诉妻子。之后，丈夫告诉我，“我知道我惹了大麻烦了。”

当一个人说出“我惹了大麻烦了”之类的话，他会感到自己就像是一个孩子，闯了祸，在等待大人的惩罚。他现在正在映射对大人的恐惧，在这种情况下，他知道自己做了不该做的事情，因此会受到责骂和惩罚。这将导致他产生某种行为，例如，不打电话、回避或转移，并开始对抗。这是孩子部分的个性，这种个性可以控制人的行为和思想，并将两人的关系置于危险的境地。

同样，如果他打电话告诉妻子说他要晚些回家，他的妻子可能会以“父母部分的个性”回应，给予批评并充满敌意；她也可能会以对待孩子的口气与他交谈。如果妻子以对待孩子的口气与他交谈，这时常常会唤起丈夫的孩子般的反应。这种场景是一种典型的情感反应，经常在伴侣中发生，需要他们对不同个性部分加以认知，从而对彼此有更多的了解。

很多伴侣都会陷入这种父母与孩子的行为模式。这些模式通常来自母亲—儿子或父亲—女儿的模式。这些模式可以转移，但很多时候一方会觉得更像孩子，另一方会觉得更像父母，而其他人在大部分时间会觉得更像父母。

在孩子角色中的伴侣会感到配偶是仁慈的好父母，或是严厉、具有限制性的父母。这些行为有时可以从一个父母模式转移到另一个模式。

在父母角色中的伴侣会感到配偶是需要严加管教的孩子、叛逆的孩子、需求过多的孩子、一个需要管理或结合以上所有特征的孩子。当扮演父母角色的伴侣谈及他们的配偶，其中最常见的评论是他们感到自己好像“除了孩子，还有另一个也需要照顾的孩子”。扮演孩子角色的伴侣通常会说他们的配偶总是唠叨。当一个人形容自己的伴侣唠叨，那么他多半是处于孩子模式，并暗示他的配偶是父母模式。这些陷入困境的模式将不会让两人的关系充满激情和活力。只要有一方保持在父母与孩子的固定模式中，作为一对伴侣，他们将无法取得进展。这是人们面对痛苦的一种常见方式。通过培养意识、勇气和决心，这些模式都是可以改变的。

然而，如果行不通，这些模式可能会升级，并在伴侣的行为中变得更加根深蒂固。妻子的行为越像母亲，那么丈夫的行为就会越像儿子，父亲与女儿模式亦是如此。换句话说，如果一方的行为更像父母角色，那么就会引发另一方的行为更像孩子，反之亦然。

如果你们陷入这种父母和孩子的行为模式，就应该问一下自己，“我是不是感觉自己像一个试着管教孩子的家长？”或者“我是不是像一个被家长管教的孩子？”

• • • 成人对成人的交流模式

克服了父母与孩子的模式，就有可能有机会发展为成人对成人的交流模式，以增进肢体上的亲密接触。当成人的子性格处于掌控位置，双方都会向对方成熟地定义并表达自己。双方会接受对方的感受、需求和观点。如前所述，当一对伴侣学习如何“捕捉”对方，他们正在开发他们的听力肌肉，同时还有他们的成人个性。维护这些成人模式是通往长久而热烈的婚姻的关键。

发展感觉意识

发展身体意识建立于前一章的基础之上，其关键是靠近你自己的感受，这样才能维护“成人个性”主管一切。身体会经历的所有感觉，腹部或心脏部位似乎可以体验大多数的感觉。在我多年的治疗中，客人曾多次表示他们感到心脏部位受到伤害、悲伤、内疚和羞耻。似乎这种感觉都有一个共同的失落感，无论是失去一个人、失去“面子”或任何其他不同种类的损失。客人表示腹部常会有恐惧的感觉，这些恐惧的感觉贯穿于从温和的关注和担心到惊恐万分的极致感觉。不是所有的人都表示自己在相同的部位有着完全相同的感觉，或以完全相同的方式展现。此外，根据你的感觉，你可能会体验到贯穿全身的情绪。例如，如果你正在经历恐惧，你可能会注意到，除了胃部会感到七上八下，你的腿部肌肉、下巴肌肉也可能会收紧。很多人，尤其是男性，没有注意自身感觉或定义感受的习惯。然而，发展这种技能是十分关键的一步，只有这样才能与伴侣进行成人对成人的沟通。与发展生态意识相似，感觉意识可以让你在倾听伴侣倾诉的时候不要把自己的感情放进去。此外，如果你能抓住自己的感情，你就可以在不受责怪的情况下清晰地沟通。如果你相信你是一种没有高度感觉意识的人，那么你可能会想执行以下简单的练习。

想想你的过去，当你失去一个对你很重要的人或事物时的情景。在你的想象中尽可能清晰地将自己带回到过去那个时间点。注意自己的心脏部位，看看自己有什么样的感受。注意你身体的其余部分在经历些什么。如果你无法感受任何感觉，那么你可能将自己关闭得太久并且在抵制你的感受。这是很多人为了避免遭遇到不愉快的感觉，而养成的一种习惯。如果你也是如此，那么你应该先充分放松自己，然后再尝试回想那段经历。如果你仍然无法感受到任何感觉，那么你可能需要在另一段记忆中寻找更多的情感感受。

• • • 另一个切身实例

以下是发生在我自己身上、从父母对孩子的模式转移到成人对成人互动的一个例子。曾几何时，当我的妻子作为一名老师重返工作岗位，而我从一名全职执业治疗师变为一名兼职治疗师时，大约有一年半的时间。这段时间里我可以有更多的时间留在家中照看当时仅有 2 岁的孩子阿里尔。我很喜欢待在家里，那是一段非常美好的时光，而且我与女儿的关系非常紧密，与她在一起是一种喜悦。有一天，我的妻子下班回家问我是否完成了她交给我的任务。实际上我并没有完成，我最初的反应是，我“有麻烦了”。我还记得当时肚子里的那种恐慌的感觉。我敢肯定当时的我撤退到了我儿时的内心。我赶紧说：“我带阿里尔去公园了，我们在那里喂鸭子和鹅，忘记了时间，回到家的时候我完全忘了你交代的家务。”我的妻子告诉我她很不高兴，她觉得她不能依靠我做任何事情。我对此的反应是愤怒，我让她走出门去，打开车库门，重新回来，然后不要质问我家务，而是向我问好，并询问我一天过得如何。我当时的语气非常恶劣，并带有攻击性。在这个时候，她摇了摇头，并开始查看信件。我问自己当我说出那些话的时候，我认为自己有几岁。我总结得出的答案是 6 岁。

如前所述，旧的习惯模式出现了，我不得不承认我感到非常年轻——像一个坏男孩。当父母表达感情时，孩子并不能识别他们的父母是否有消极的情绪。孩子们在自己的轨道上，他们在自己的自我中心世界中。虽然我是一个成年人，但我的个性在那一刻回到孩子的时代，而且发自内心的。我当时没有考虑到她作为一个平等的成人也在经历着一种低落的情绪，同时我也没有意识到自己的感觉，否则我可以很成熟地处理这件事情。我把她看作一个有能力惩罚我的权威人物。当然，这种情景是完全没有在计划之中的，是一种无意识的应激反应。在另一方面，像成人一样处理这种情况需要成熟的意识、感知和行为。

回到我悲惨的故事。我深吸了一口气，问她，我是否可以重头再来一次。我告诉她我想向她坦白一件事情。这引起了她的注意，她从一堆信件中抬起了头。我说：“你回到家里感到非常失望，这是完全可以理解的。你要我做的事情，我没有完成。我在游乐场玩得忘记了所有事情，我完全理解你为什么会对我生气，并感到沮丧。我为此向你道歉。我需要开始养成将事情用笔记下来的习惯。”当时的情况是，它将她成人的一面引导了出来，而不是父母的部分。她体会到我的关爱，即使我没有完成之前她交付的事情，她也因此而软化了，于是我们一起享受了一个喜悦且轻松的夜晚。使用成人的心态处理问题总是可以让人得到欣喜的回报！使用孩子或父母的心态处理问题则犹如火上浇油。

母亲与儿子的沟通模式实例

以下是我的案主梅利莎和大卫之间的对话。

梅丽莎："你从来不听我说话。"

大卫："我有听！"

梅丽莎："你什么时候听过？如果你的头没有埋在杂志里，你的眼睛就在电视上！这就是你所谓的听我讲话吗？"

大卫："让我们看清事实吧，无论我做什么你永远都不会满足。"

这是一种相对温和的讨论，没有任何特别的波动。但是它可能会升级为更加动荡的局势，这取决于双方的个性。什么原因会造成母亲与儿子的沟通模式？梅丽莎说道，“你从来不听我说话。”她是在批评他，此种举动将她放置在一个高高在上的位置，她没有与他分享自己当时的感受。

大卫说：“我有听！”他现在处于防卫姿态，而没有考虑妻子正在遭遇的现状及她话语背后的意义。

之后，梅丽莎问道，“你什么时候听过？如果你的头没有埋在杂志里，你的眼睛就在电视上！这就是你所谓的听我讲话吗？”更多的指责和指控。

之后，大卫说道，“让我们看清事实吧，无论我做什么你永远都不会满足。”他觉得自己永远无法取悦现在已经变成他“妈妈”的伴侣。他复归到了“儿子”的位置，因为他感到自己没有足够的力量，而妻子在他之上，或者更确切地说他在不知不觉中将权力拱手让给妻子了。他没有将妻子视为一个现时对他非常失望且具有平等权利的人。

如此之类的对话将不可避免地导致：1. 他们之间的冲突升级，或2. 双方都放弃修复关系。从而他们感觉比之前更加沮丧，没有解决方法或没有听到任何感受。

我发现一个十分有帮助的方法，让伴侣二人在我的办公室里就地“重塑”他们不健康的沟通模式。我们返回过去，并建立一个有问题的人际交往场景。在这种情况下，梅丽莎和大卫会有机会重复他们之间的对话，并寻找契机使父母与孩子的动态转移到成人对成人的动态。在此期间会有多个开始和暂停阶段，如果一方或另一方出现抵制、责备或不听的情绪，我会暂停他们的交谈，并要求他们再做一遍。以下是多次调节之后梅丽莎和大卫之间的最后一次谈话。

梅丽莎：“我感到很沮丧，因为你似乎没有听我讲的话。”

大卫：“我很抱歉，我想听你的话，但是事实上，我的脑子在想其他的事情。”

梅丽莎：“说实话，我经常会感到沮丧，因为你总是把注意力集中在电视、电脑及其他事情上，而不是我。这让我感到很孤独，好像我对你来说并不重要。”

大卫：“是的，我必须承认我通常不会像现在一样，我现在从未在你讲话的时候认真地看着你并把所有的事情置之一边。我不是要故意伤害你，让你感到孤独，但是我想我无意中这样做了。对不起。”（他流下了眼泪）

（梅丽莎也流下了眼泪，并伸手抓住丈夫的手）

让我们看一下第一次和最后一次的谈话内容有何不同。

1. 梅丽莎的沟通目标已经改变。

第一次，她有意识或无意识地进行了指责，这可以暂时减少她的紧张和沮丧。但是这个反馈是建立在牺牲丈夫的情况下。第二次，她的目标是向大卫表达她目前所经历的情感。她将大卫视为盟友，而不是她要惩罚的、屡教不改的孩子。

2. 大卫没有做出抵抗的姿态，他放松自己，并以柔和的方式接受她的感受。

他表达了自己的感情，而不是为自己辩解。多数男性大部分时间都生活在自己的脑海里。大卫让自己的能量渗入身体的深处，感受自己的感觉，而不是做出反应以回避这种不舒服的感觉。这是关键——感受一个人的感觉。梅丽莎在开始她的第二次谈话时也需要做到这一点。从长远来看，喊叫、回避、指责、成瘾行为、不忠行为等多种过度反应的方式永远不会有助于情感的升温，但我们都在以成千上万的方式逃避。

3. 大卫也有“自己的感受”，他诚实地承认了自己的心在别处。

勇敢地承认因为自己其中的一个弱点而导致了误解和痛苦局势的持续，伴侣间的连接也因此有所增进。换句话说，它让伴侣二人感到了从未体验过的亲近感。由于梅丽莎打开了自己的感受，表达出了她的无奈，因此他们之间的连接在不断地增长。

4. 大卫的理解及对她诚实的表达未做出丝毫防御性反应，因而他们之间创建了一个更信任的环境，而这又引导梅丽莎可以继续表达自己的感受。

大卫通过认识自己缺乏倾听经验再次做出回应，并洞悉自己在办公室里的行为与自己的典型行为完全不同。他对已经对她造成的伤害表示歉意。

虽然这对伴侣并没有完全解决他们之间所有的问题，但是，更重要的是，他们之间的关系由此变得更加亲密。随着他们继续保持新的沟通模式，他们将会感到双方越来越亲近。这是发展成人对成人交流的结果。每个人都敢于面对因他或她而产生的问题，他们一起可以创建一个安全的环境，在那里他们可以彼此倾听和了解。

瑞秋和盖瑞：转换母亲与儿子的模式

瑞秋，41岁，有一个6个月大的女儿。瑞秋是由母亲一人养大的，在她心目中妈妈就是一个勇士，而她身上也带有一些这样的气质。她相信遵守规矩和纪律严明。她的丈夫盖瑞在前一段婚姻中已养育了两个孩子，瑞秋已经成为他们生活中的一个重要人物，对孩子们来说也是一个富有爱心和关怀的继母。她在育儿教育中指出了几个误点，并认为他们的亲生父母（盖瑞和他的前妻）没有严加管教孩子们。瑞秋对盖瑞的部分家教方式感到无奈，有时也会让她失去耐心，盖瑞是一个随和的人。过去，他一直尝试着回避二人之间的冲突，在应该严格管教孩子的时候，他也会放纵孩子，并且教育他们如何容忍挫折感。瑞秋向他提出反馈的方式经常会激怒他，让他做出防御的姿态，并指责她控制欲太强、有失身份。

阅读以下两个表达方式。盖瑞未遵守和瑞秋在育儿方面的协定，他没有对未交作业的 10 岁儿子实施强制惩罚，以下是瑞秋可能对盖瑞说的话。

“你什么时候才能像一个父亲一样对待你的儿子？”

“看到你没有遵守我们的协定，这让我很失望。你能不能遵守我们之间的协议？在我看来这是我们改善这个家庭的唯一方法。”

瑞秋确实有向盖瑞说出第一种表达，你可以想象盖瑞对此可能做出的回应。她即时诱发了盖瑞的羞耻感，那种小孩子被妈妈教训的羞耻感。然后他会报以愤怒并产生不满。在理想的情况下，瑞秋会使用第二种表达，而盖瑞的回应可能会比较成熟。在治疗过程中，我挑战盖瑞给予有效的回应，即使当瑞秋被困在“妈妈”的角色中。我要求他忽略瑞秋强硬的话语和行为模式，并认识到她处于痛苦之中。我要求瑞秋在对话时再次使用第一种表达的话语。盖瑞回应道：“我不喜欢你说话的方式，它让我想对你说些带有攻击性的话，但是我理解你感到沮丧，而且我确实没有做好这件事情。让我们尝试来修正我的错误。”在一方说出带有批判性的话语之后，另一方的成熟回应是很难做到的，但它肯定会为你带来最佳的结果，因为它打破了母亲与儿子的沟通模式。他用理解和同情作为回应方式，承认了自己的错误，并希望亡羊补牢。

瑞秋需要学习如何使用第二种方式表达自己。她需要与盖瑞分享自己的感受，而不是嘲讽他。她需要将自己看作一个与盖瑞平等的人，她可能对家里的纪律有更多的需求，但在沟通上一定要意识到他们是平等的。

父母与孩子动态模式的实例

里克和珍妮已经结婚近 20 年。里克比珍妮年长 14 岁。这是里克的第二段婚姻，在第一段婚姻中他已经育有几个孩子。在里克小的时候，由于母亲体弱多病、抱怨很多，因此他的父亲便成为家中的支柱。珍妮有一个双胞胎姐妹。她们的父亲非常严厉，是一个大男子主义者，也因此惹了很多麻烦。当珍妮七八岁的时候，父亲因被棍棒击中头部而遭受大脑损伤。珍妮不得不迅速成长起来并承担照顾家庭的责任，她从来没有真正意识到自己的需求和愿望。

里克是一位成功的律师，也是一位成功的商人。他是那种对自己想要的东西绝不放弃的人，而且他总是如愿以偿。里克可以归类为“以自我为中心”的人。在生活中以他为主，凡事必须满足他的需求。而且，由于他是家庭中的经济支柱，因此他感到妻子应该按照他的计划行事。珍妮时常会滑入“女儿的角色”，可能是乖女儿也可能是叛逆的女儿。叛逆的女儿设法以自我为中心的方式贯彻自己的行为。但是这种做法的目的多偏向于为了摆脱“父亲”的控制，而不是为了真正地满足她的需求。我们都知道青春期的男孩儿和女孩儿们都是叛逆并具有自我毁灭性的。当成人以“内在叛逆性孩子”的模式行事，也会有同样的情绪发生。

随着时间的推移，里克和珍妮之间的权力斗争更加根深蒂固，甚至发展为有时他坚持与妻子发生性关系，而妻子却宁死不从，拒绝与其发生性关系。珍妮将丈夫越推越远，通过拒绝与其发生性关系惩罚丈夫的不公平对待。她将性看作是取悦丈夫的一种手段，犹如女儿也往往有自己的方式取悦父亲一般。里克对发生性关系的坚持没有动摇妻子的意志。如果性爱只是他所需要的，而不是妻子想要的，那么珍妮想要的是什么呢？这种动态可能会转移为母亲与儿子的模式，即珍妮视丈夫为一个永远无法满足的孩子，她必须像母亲一样照顾他。在这两种情况下，珍妮没有激发起自己的性欲。

在治疗中，当丈夫要求发生性行为时，珍妮首先意识到的是她的应激反应。她说自己感到很气恼，仿佛她一定要取悦丈夫，由此她的内心对丈夫的欲望发出抵抗反应，以向自己证明她没有被丈夫的欲望所困。之后，她感受到“女儿的内在”认为必须要遵从丈夫的欲望，就犹如这是一条必须服从的规则，即如果她接受丈夫的请求，她便是一个“顺从、听话”的女儿；如果她拒绝，她就是一个处于“青春期叛逆”的女儿。接下来需要理解的事情是她持有是否取悦丈夫的决定权。她需要以平等的心理去看待丈夫，而不是将他视为高高在上或低于其下的人。作为一名自由的成年人，她没有必要一定要取悦丈夫。同样重要的是，作为一名自由的成年人，她能够取悦丈夫。如果她将自己的决定看作是一个真正的选择，那么“父亲与女儿”的感觉就会慢慢消失，而“成人与成人”的感觉就会越来越突出。

发掘自己的性欲也是转变成人与成人模式的一个关键。她需要对丈夫如何可以取悦她持有好奇心。她需要开始一个对感官和性的体验，并让里克体验她的喜好与丈夫的喜好之间的不同。

里克需要学会如何放手他的控制欲及在婚姻中以自我为中心的做法。他需要明白，如果他真的希望激起妻子对他的渴望，那么他需要给予妻子一定的空间，让她感受到在婚姻中的平等关系，并且他们之间不同的需求是同样重要的。

老虎还是羔羊?

这是一个有趣、具有启发性的实例。罗纳尔多和茱莉亚是一对父亲与女儿模式的伴侣。罗纳尔多是一个高大威武的男士，与茱莉亚直接对比，则越发显得茱莉亚是一位娇小苗条的女士。在第一次见面中，罗纳尔多表现得极为气愤，他的脸红得就像一个随时会引爆的炸弹。他抱怨妻子性禁忌，他们之间缺乏性生活。他声称妻子在生活中没有尽到做妻子的责任，他十分努力地工作，就是为了让妻子可以在家中照看孩子，并让他们过上舒适的上层中产阶级生活。茱莉亚十分安静地听着，直至丈夫说完所有要说的话。之后，丈夫恼火地看着她，并问道，“你就只是坐在那里吗？”她不好意思地回答说，“我在等你讲完话。”

罗纳尔多的角色显然是一个关键的权威人物，而茱莉亚急切地想要成为一个好女儿。所幸的是茱莉亚的认知能力很高。她很快认识到自己在父亲与女儿模式中的角色，并开始越来越有主见，她发掘自己的需求，并不太在意“完美”的房事。罗纳尔多对妻子的成长感到兴奋不已。到了第 5 次治疗，茱莉亚对婚姻生活的需求已经不亚于罗纳尔多。在第 6 次治疗时，事情仍持续顺利地发展着。罗纳尔多对他们之间死灰复燃的亲密关系感到极为高兴，而茱莉亚也在继续享受着她日益提升的信心，以及与丈夫的全新亲密体验。

在第 7 次治疗中，罗纳尔多的气愤红脸再次出现。很显然，他的情绪十分激动。我说的第一句话是，复发情况是很正常的，如果这是你们的问题所在，我们可以一起对付它。他连忙回答，“没有，没有复发。但是她需要时时刻刻都向我挑战吗？和她沟通现在成了一种痛苦，我们没有一件事情可以达成一致。”我回应到，“哦，我明白了。你想她成为卧室里的老虎，但在厨房、餐厅和书房里却是一只羔羊。”他说：“这最好不过了！”我告诉他，他想得美。茱莉亚在卧室里所做出的改变自然会延伸到伴侣关系的其他部分。他要么在家中有一头老虎，要么有一只羔羊。两个极端不会同时存在，也没有其他选择。他用一种意识到自己理亏的态度回应了我的解释。他说道，“好吧，我猜我还是要老虎吧。”

里克和罗纳尔多一定要感恩自己为享受而付出的代价，与妻子形成成人与成人的关系也让他们放弃了以自我为中心的认知和行为。罗纳尔多接受了被挑战这个小小的付出，使得他们两人踏上了更令人满足的婚姻之路。

第六节　选择连接，放弃控制

在前几节中，我们谈论了如何面对冲突。我们学习到，我们可以通过创造更多距离或通过与你的伴侣发展更紧密的连接来处理冲突。在本节中，我们将讨论如何在即使最阴暗的时刻，也能利用情感肌肉连接你的伴侣。通常情况下，当人们陷入痛苦中，他们会通过应激反应(抵抗或逃避)而中断彼此之间的联系。彼此融洽地相处是一个极具挑战的任务，特别是当对方是造成你痛苦的原因的时候。当你的伴侣沉浸在痛苦之中，你希望让她可以面对并走过这一痛苦经历，而你也将尽最大努力理解她所经历的一切。随着你对本节概念的理解及技能的开发，你将更好地掌握如何创造一个有利于发展长久而热烈的婚姻的环境。

正如前面所提到的，孩子都以自我为中心。他们希望时刻控制他们生活中的一切，他们希望时时刻刻都受到他人的赞同。孩子们可发展出与父母进行权力斗争的力量，因为他们总是不断地力争他们想要的东西。当父母说“不”，孩子们可能不会接受这个“不”字，并继续争取他们想要的东西，直到他们受到更强硬的限制。此外，我们内心中所有的孩子都想拥有“完美”的爱，所以，在一定程度上，我们都寻求理想中全心爱我们的完美父母。总之，孩子希望得到永远可以让他们控制并赞同他们想法的理想父母。

哈维尔·亨德里克斯在他的《Getting the Love You Want》（《获取你想要的爱》）一书中讲述了帮助一对伴侣从一段无意象的婚姻步入有意象的婚姻的过程。他谈到的“意象”的概念，将其定义为“在幼年时期对你影响最强烈的人的复合图像”。他说：“我们进入无意象的关系中，我们的伴侣将成为代理家长，以弥补我们的童年中所失去的一切。”他指出在无意象的婚姻中，人们试图通过他们的伴侣成为一个整体。而达到有意象的婚姻的状态则是整本书中谈及的一个目标。

我们结婚的时候，我们不自觉地希望理想的父母成为我们选择伴侣的原型。但现实是，我们的父母有些并不是理想中的父母，那么我们怎么能指望自己的配偶成为这一假设的奇幻角色？我们必须记住，我们的伴侣不是我们的父母。他们也有自己的需要、恐惧和欲望。在现实中，我们应该记住他们不会总是惦记着我们或第一时间赶来为我们解围。在进入二人关系的六个月后，芥蒂将出现，而理想父母的假象也会崩溃。我们会对我们的伴侣感到失望，而我们的幻想也会破灭。如果在这之前你尚未醒悟过来，那么现在是时候认识到我们不能总是以我们自己为中心，如果仍然保持这样的观念，我们不会得到完美的爱，这是现实。

放开得到完美的爱的想法

基本上有两种人试图从他人身上获得自己想要的东西。他们要么会尽量让别人适应他们，要么调整自己。我们不断处于作为一个极端的“适应者”或作为一个极端舒适的“瘾君子”之间，需要他人为我们提供舒适的环境。在大多数的婚姻中，一方可能更偏向于适应者或调解者的角色，他们不断尝试取悦对方。这个人通过试图让他的伴侣高兴而获得爱和一些控制力。“如果我的伴侣高兴，那么我就是安全的、被爱的”，这是这些人的信念。

在这对虚拟的伴侣中，其他人了解感受爱和安全是通过她的伴侣向她证明她是被爱的。如果他要求她牺牲或感到不舒适，她便会认为这是没有爱心的。她还会感到沮丧，因为她不能轻易地得到自己想要的事物。

在发展成人部分的过程中，我们不得不放手完美被爱的幻想。我们也不得不放手总是得到自己想要的事物的幻想。适应者或调解者必须放弃取悦对方，以换取爱的想法。对于这个问题，他必须认识到他的伴侣将永远不会成为“理想的父母”或可给予他一切的父母。他需要停止通过不断地给予试图取悦对方的做法。

舒适的一方总是需要另一方根据她的要求调整自己的需求，在这里需要注意的是，她在利用他对付自己的不适或不良情绪。她需要放弃总是以自己为中心的想法。她需要找到管理她的焦虑或失望的方法。

一位顶着巨大压力、身心疲惫的男士来到我的办公室，表示他在整个婚姻中试图给予妻子所有她想要的物质，因为他无法拒绝妻子的要求。他描述在他事业低迷时期，他的妻子仍然要求前往伦敦探望她的朋友，而这一旅程将会花费数千美金。他没有从语言上表达抗拒，但心里却感到异常愤怒并且更加焦虑。我认为，他需要学会说“不”。随着他学习并应用这一概念，他的妻子不得不改变自己的思想。例如，妻子需要接受如果当时她没有见到她的朋友，并不是世界末日。妻子也需要适应眼前的经济形势并在这个困难时期给予丈夫支持。她能够感觉有发脾气的欲望，但她需要不断提醒自己是一个成年人，应该丢掉那些完美世界的幻想。

大多数伴侣并没有主动计划进入父母与孩子的角色模式。他们陷入这些角色是作为一种满足需求的无意识的尝试。例如，作为父母角色的一方，会不自觉地认为通过相对于配偶的优势地位，她会得到更多她想要的东西。作为孩子角色的一方，不自觉地认为通过孩子的部分，他会得到更多他想要的东西。在现实中，父母角色的一方不喜欢她从伴侣中召唤出的孩子的部分，这为她制造了内部冲突。孩子角色的一方不喜欢他从伴侣中召唤出的父母部分，这也为他制造了内部冲突。他通过孩子的角色试图获得他想要的东西，但是他不喜欢自己从伴侣中召唤出的母亲的部分（当然，有时候我们并不能明确地意识到自己召唤出了我们不希望在伴侣中见到的那一部分，我们只是将对方视为问题）。一旦你意识到你如何试图通过这些在不知不觉中陷入的角色获得控制力，并学会暂停，你就可以选择走出这些角色。一旦你意识到你永远都不会被完美地爱着，你可以更容易地走出这些角色，并放弃试图控制你的伴侣。

一旦一个人理解并接受这个不能被完美地爱着的概念，或者意识到他不能总是得到自己想要的东西，这样才有机会以现实中的自己面对这段婚姻和生活，而不是以他们想象中的方式来经营自己的婚姻生活。为了拥有一段成功的婚姻，双方需要协商，平衡两者的需求。伴侣需要发展一个“和的关系”而不是“或的关系”。它不能只是以我的方式或你的方式；不能只是我的感受或你的感受；不能只是我认知事物的方式或你认知事物的方式。它应该是我的认知方式和感受融入你的认知方式和感受。换句话说，伴侣双方经常面对不同的现实，两人经常有不同的愿望、喜好和需求。我们必须学会如何创造性地面对两个拥有自己独立想法的人。当我们放弃了试图控制对方，我们就可以开始了解如何连接彼此。

● ● ● 与你的伴侣连接

连接意味着什么？如果一所小学的孩子选择制作一个电路作为他的科学项目，他第一次学会了如何连接电线，然后发现当他向下推动操纵杆时，电路连接通畅——灯泡亮了！我们需要以同样的方式与我们的伴侣连接。不仅仅是连接，还需要有能量的流动。为了达到这种能量的流动，我们必须保持彼此间的相互交流。请记住，这说起来容易，当涉及情绪上的冲突时，就很难做到这一点。

通常情况下，当我们有问题，我们就会中断彼此间的连接。我们通过宣泄、喊叫或回避来中断我们的连接。宣泄是一个单方面的行为，宣泄的目的是摆脱身体的紧张感。连接涉及不同的目的。当我们连接，这意味着我认为你是我的盟友，我向你表达我的问题，我尊重你的个人感受。有人真的在听我说话，表明我和我的伴侣之间不仅仅是一个“共鸣板”。共鸣板是二维的、无生命的，我的伴侣是三维的且充满活力的。

当你讲话的时候，你并不是在独奏。我经常看到伴侣们在他们完全没有交流的时候，声称双方间有“沟通”。有时候，他们的确在交谈，当然也在“听”，听后也有回应，但他们并没有成功连接。连接是指当你讲话的时候，另一个人在接收你所讲的内容，并且会持续地听，直至对方讲完。换句话说，他们在交流中保持着连接。两者之间有能量流动。

如果我要与你连接，我必须多说“我”的语句，听者有可能做出防御的姿态。要成功连接，听者需要保持开放，即使恐惧的情绪可能会使其封闭以保护自己，但伴侣之间要尝试不断互相支持以维护彼此之间的连接。在连接时，我们的目标不是取胜，不是说服对方，不是争辩对错，不是攀比好坏，而是建立起你们沟通的桥梁，让你们感到越来越亲近。

选择连接、放弃控制的益处

从孩子的角度来看，控制是最重要的。孩子希望得到他们想要的。当你与成人建立一段关系时，任何一方都不希望有被控制的感觉。我们总是听到类似的抱怨：“每次做一些事情你都要试图控制我、改变我、说服我，为什么你总想控制我？”这仅仅是人类的天性。一个物理定律指出，每一个动作都有一个相等且方向相反的反作用力，物理学的这个基本规律同样适用于婚姻关系中。要知道，你每一次试图控制你的伴侣，都有可能引起对方对你进行同样的控制。

宁静默念

上帝请赐予我平静，让我接受我不能改变的事情，勇于改变我可以改变的事情，以及具备分辨两者不同的智慧。

——使用于戒酒支持小组及其他 12 步康复计划。

默念，例如上面的祷告词，是伴侣加强连接的伟大指路明灯。请记住，你无法控制你伴侣的感受、想法、话语和行动。为什么不选择尝试默念，告诉自己应该试着接受自己不能改变的事物呢？你可以通过默念专注于如何建立人际关系和创造力并与你的伴侣连接。这样做，你为你的伴侣铺垫了与你连接的道路。同样，每一个动作都有一个相等且相反方向的反作用力。婚姻关系是广大无边的。当你使用默念做你的指路明灯时，你的伴侣可能会更多地接受你。这种情况经常发生，甚至我们自己都没有意识到。有时候，权力斗争并不明显。一个人似乎真的在控制，但实际发生的事情却恰恰相反。被控制的或顺从的伴侣往往会找到一个反过来控制对方的方法。施加控制的人很可能会以一种方式或其他方式被淘汰出局。当你与一个人连接，这意味着你正在创建你们两者之间的能量流动，这种流动令伴侣变得温柔，并且更有可能开始为对方的需求着想。

连接涉及暂时放弃试图解决的问题。它涉及放弃试图使伴侣变得更好的打算，放弃那些所谓要从痛苦中拯救她，希望她感到不同，或者立即得到你想要的结果的这些想法。作为一个沉浸在痛苦中的伴侣，她需要你陪伴在身边，不要过于纠结正在经历的事情，仅仅是陪伴。

在英文中“情感(emotion)”一词来自拉丁词根，意思是“移动或通过”。英文单词中的动机(motivation)和运动(motion)也都有相同的词根。当我们允许时，情感会在我们的身体内移动。如果抵制连接，那么这种情感会一直在我们心中盘绕，并持续占用我们宝贵的能源。如果我们通过“捕捉情感”让它从我们的伴侣流向我们，或从我们流向伴侣，它们便会来来去去，就像天空中的云彩。我喜欢用的比喻是太阳永远照耀着我们，即使是在阴雨天气。只要云彩走过，太阳会再次与我们相见。同样，正如你给予和接受情感，随着痛苦的消失，下面遮盖的爱还是会再次发光，温暖彼此。

与你伴侣一起走过的痛苦总是会为你带来美好的结局。关系斗争、控制欲甚至尝试连接都有它最初的痛苦。因为你需要放弃你能被完美地爱着的想法。你必须接受这个现实，你不能总是得到你想要的事物。当你学会了在感情上进行连接，你便可以像成人一样对待你的伴侣，并理解他或她自己不同的感受、需要和看法。

• • • 连接伴侣的练习

1. 相视而坐。试想一下爱的能量从天堂进入你的头部，呼吸爱的能量使其进入你的心。当你呼气时，想象爱的能量从你的内心而来，直接进入你伴侣的心脏。如果将能量视为电流，尝试感受能量的温暖。与此同时，向你的伴侣打开你的心扉，接收对方给予你的爱的能量，重复做几分钟，并保持目光接触。无论你们身处何种情境，都可以进行这种练习。如果你发现你不能做这个练习，那就先联系捕捉彼此的感觉，然后再做这个练习。

2. 触摸对方的身体（不要触碰性器官与周边），缓慢并带有关爱地抚摸，越慢越好，专注于你触摸的感觉。一段时间后，让你的伴侣以同样的方式爱抚你，用心感受对方触摸你时的感觉。

3. 拥抱片刻，其他的什么都不做。

4. 如果你对亲密感有抵御意识，你可以尝试用文字说出你从未说过的话。例如，如果你很难对伴侣讲出“我爱你”，就多说几遍，每次说的时候都添加一些更多的情感，表达更多的感激。你可以多次采取这种口头练习，让你积极的感觉表现出来，即使你觉得很尴尬。“当我每次看到你的时候，我的心都会飘起来。”语气要真实，不需夸大其词。这样做的目的是为了维持你内心燃烧的激情火焰。

第七节 愤怒与性行为

愤怒是一种带有破坏性的情感。愤怒在原始时期的进化目的是在对方摧毁你之前消灭对方，并保护你免受即将发生的伤害。但是随着我们大脑的进化，我们成为喜欢用主观感知预测未来的生物。换句话说，我们会因主观感觉上可能即将发生的伤害而对某人或事物生气。在现代社会中，我们可能会因为遭遇小偷或被人欺负而生气；我们可能在交通堵塞中对前面“挡住我们去路”的司机生气；我们会因为伴侣批评我们而生气。我们作为思想先进的生命，经常会对试图摧毁我们的人生气，我们有必要学习如何管理我们的愤怒，在某种程度上，这将对我们有益，且不会“摧毁”任何人。

我们不应该忽视我们的愤怒。我们的愤怒告诉我们，在我们的世界中有些事情是错误的。我们需要学会如何遏制我们的愤怒，不将这些消极的情感发泄到我们的伴侣身上。我们需要在气愤中学会与伴侣建立一个“感情捕捉”的连接，对待其他消极情绪也一样。

当一个人或一对伴侣生气时，我通常会使用从道格和娜奥米那里学到的技巧。我会让这对伴侣坐在地上，在他们中间放一个枕头。每个人都知道他们将面对一些感情问题，如果怒气上来，他们可以砸向枕头，以得到能量释放。男方必须看着自己的妻子，不要中断眼神的接触。他深吸一口气，让他的愤怒从腹部深处咆哮出来，向妻子表示他的愤怒。当妻子听到他的咆哮声，她依然很平静地接受他的咆哮。他告诉妻子："这就是我现在的感觉，我内心充满了愤怒。"

为什么这个方法会有效，特别是当一方感到充满愤怒的时候，是否因为沟通能够淡化愤怒？当一对伴侣进行这个练习时，每一方都会将自身的愤怒转移到其他人身上。但是如果倾听的一方发现对方是安全的，并没有什么灾难性的事情会发生。如此这对伴侣在他们的愤怒中就能够相互连接，而不是以防御的姿态对抗，于是双方就能够感到彼此更加亲近。当一对伴侣以这种方式沟通，他们会发现愤怒并不是一种危险的情绪。他们意识到愤怒只不过是日常情绪的一种，他们可以用它建立两者之间更加强壮的连接。

该练习的关键是确保你的连接比痛苦更强壮。确保连接比痛苦更强壮的唯一方法就是双方作为两个成人一起分享彼此所有的痛苦，让你的伴侣倾听，并希望对方成为你的盟友。

当然，即使这是一个实用的方法，但我们也不期望每对伴侣在每次生气的时候都抱着一堆枕头坐在那里。没有枕头，只靠语言也可以完成。关键是学会对应的技能和发展足够强的情感肌肉，以遏制你的情绪，这样你就不至于大喊大叫。请记住，你可以控制你的愤怒，你可以以建设性的方式表达你的愤怒。你不必须宣泄愤怒，你也不是机器人，你有情感，但必须学会控制情感。你需要通过成熟的沟通方式表达自己，你并没有削弱你的伴侣。你需要把伴侣看作是引发你愤怒的朋友。向你的伴侣表达愤怒时要用尊重的语气，将对方看作一个平等的人，采用说"我"的语句，例如"我生你的气是因为你在孩子面前削弱了我的权势。"你的伴侣可以接纳你建设性的批评，并希望他或她也会以成人的心态进行表达。

如果你持反对意见怎么办？如果你完全不同意，并且认为你在整个事情中并没有伤害你的伴侣，那怎么办？在这一点上，这个并不重要，情感连接才是最重要的事情。你可以稍后讨论你的观点，你不必承认自己不信的东西，你不用附和，"你说得对，我的确伤害了你"。你也不需要为自己辩护，你接受她的愤怒并"接住她抛出的球"，并且在有可能的情况下与她谈论她的感受。

在伴侣之间树立一个情感上的连接，不要强求事实方面的正确无误，伴侣间破坏他们的连接的最糟糕行为是坚持争辩事实。我们必须记住，不要过早地辩论事实，我们需要先建立重要的情感连接。在这一点上，与事实是无关的，事实可以稍后得到解决。其实，如果你的伴侣永远不能以你的方式看事物，那么只能在你建立连接后，再试着了解她的感受，这样她也会有机会了解你，并可能会从你的角度看事物。情感上的连接居于首位，如果你们的关系发展良好，事实真相会自动浮出水面。

愤怒和性

学会面对并在他们的愤怒中引导自己的伴侣有时也会无意间开启性欲。你一定在电影中看到过这种场景，一对伴侣吵得不可开交并达至愤怒的顶峰，突然，一方抓住另一方，之后他们却充满激情地亲吻，激情迸发。

愤怒是一种力量。面对它，你会更强大。与你的伴侣通过愤怒连接，保持目光接触，让自己平静下来，并邀请你的伴侣表达更多的愤怒，因为愤怒本身并不会破坏二人关系。我见过很多伴侣，因为压抑愤怒而发生婚外情。庆幸的是，其中大多数伴侣愿意一起努力走出婚外情的痛苦，他们学会了更直接地表现双方之间的愤怒。他们开始愈合，并感到从未有过的亲近和温暖。有些伴侣在发生婚外情之前，他们的婚姻生活频率已经很低了，他们通过更开放和更有建设性的方法面对愤怒情绪，从而在很大程度上重新燃起他们的激情。

我发现愤怒和性之间的另一个连接是愤怒和性唤起的能量状态在身体中都有相似的强烈感觉。所以，控制愤怒也可能有助于我们学习如何管理性唤起的感觉。不能良好管理性唤起的男性可能会引致过早射精，或被人认为太过专注于自己的释放。女性可能会对其性唤起不知所措，并抑制其性欲。在这个情境中男性是类似于对其愤怒做出过激反应的人，而女性则是类似于抑制自己愤怒的人。我观察到学会管理自己愤怒的伴侣似乎也对他们的性唤起感觉更具创造性。这引导了在婚姻生活中更多的给予和接纳的关系，爱抚的时间可以延长，伴侣可以体验新姿势、新想法等。重点是随着你开发建设性的愤怒对应能力，你会：

1. 开启你的性能量。愤怒和性欲之间有很多相似之处。

2. 随着你学会掌控愤怒的强烈感受，你可以使用类似的肌肉开发强烈的性感受，以提升婚姻生活的质量。

人类并不是很擅长抑制情感。如果我们总是抑制自己的愤怒，我们其他的情欲也会被压制。如果你抑制90%的愤怒，你最终也可能将压制自己90%的情欲。你释放的愤怒越多，不强加抑制你的愤怒，那么你获取健康的机会就会越高。对愤怒中过激反应的控制非常类似于男性对于射精的控制能力。有时案主在遇到早泄问题时需要的自我控制训练，也和愤怒管理是相似的。注意你的愤怒，并学习在无法挽回和对关系形成实质破坏之前管理好你的愤怒情绪。请记住，对于一般人来说，愤怒的目的不是伤害或破坏。愤怒的目的往往是连接——首先连接自己，了解愤怒在告诉你一些什么信息；其次使用这种内在知识引导你的伴侣如何满足你的需求。

第三章

婚姻生活

第八节　浪漫和取悦的连接

一段长久且充满激情的婚姻，首先需要温暖的情感。

在婚姻关系中，我们学习如何处理我们的负面情绪至关重要，因为冲突是两个人之间脱节的开始。当我们用不同的方式表达我们不愉快的情绪时，我们需要学习如何掌握沟通，因为它会帮助我们的伴侣更容易理解我们。同样，我们必须要学会倾听，这样我们的关系才会通过我们共同经历的挫折和不适变得更坚强。这些关键的沟通技巧以及控制情绪的能力为积极连接铺垫了道路。不必等待我们的问题自动消失，就可以通过积极情感和行动连接伴侣。请记住，我们都必须面对生活中的情感痛苦。然而，学习有效地面对痛苦将使积极连接更有意义和更充实。

有很多方法可以与我们的伴侣以积极的方式进行连接。我们需要想象自己具有内在力量，这些力量可为我们伴侣以及其他人的生活带来变化。消极态度是阻碍伴侣成功连接的最大问题之一。我的演讲教练杰克·巴纳德，曾说过："在任何时候，你都有三个选择——把能量降低、保持中立或提升它。伴侣双方需要不断地提醒自己，在任何时候，他们可以三选一。"日常生活中简单的情境，例如到超市收款台付款。也许，收款员经历了漫长的一天，感到很疲倦。作为一名客人，你可以向他抱怨所有的价格，以及你为什么应该去其他超市。疲惫的收款员在听完你的抱怨之后，可能觉得消耗了更多的能量。你也可以一言不发，支付完所购商品的款项并离开。这是一个中立的选择。你可以微笑、打招呼，感谢她把鸡蛋放在顶部，而不是底部！你的这个极小举动很有可能振奋起她的精神。你让她比在遇到你之前更开心。

浪漫是去做或说一些经过深思熟虑、可以提升伴侣能量的内容。有无数方法可以浪漫地连接。你可以用典型的浪漫主义姿态连接，如给你的伴侣买鲜花。你的伴侣会认为，"你很细心，想到给我买花"。在鲜花的背后，是爱，是一种积极的能量。你也可以借助称赞与你的伴侣产生连接，或承认她有一些有效的育儿技巧，或者其他成就，无论大小。让你的伴侣知道你有多爱她，让她知道你对她的感觉和诚意。

与你的伴侣在情感上连接的最重要部分是停止你忙碌的生活，花一些时间问自己“我可以做什么？”或“我可以说什么？”或“我可以用什么方式帮助我的伴侣？”这并不完全意味着你需要改变你的日常规律，它仅仅是打断你的惯性和惰性。许多人的头脑中会经常提出如下问题：“待办事项中的下一件事情是什么？”那么我建议你，停下来，然后问自己“我怎样才能把更多的精力奉献给我的伴侣？”这是一个重要的问题。我们可以找到很多方式向伴侣表达你在时刻想着她。有时只需要停下来看着你的伴侣，轻轻地抚摸和拥抱她，并表达感谢之情。关键是要每天创造一些在一起的时间，或尽可能不间断地给予伴侣爱的能量。给她写爱的字条，它可以是两个或三个句子；向她发送电子邮件，让她知道你在想她；抽时间和她约会。

我记得有一对伴侣，妻子抱怨她的丈夫没有给予她足够的重视，这是一个很常见的投诉。他对她的不满很无奈，并指出他没有喝很多酒，他没有做过对不起妻子的事情，他没有对孩子不好，并且为家庭赚了很多钱（丈夫是一名注册会计师，拥有自己的会计公司）。我让他回想一下他那天见过的最后一位客户。他说刚好是一对夫妻，需要他为他们报税。我要求他回忆当时他所关注的事物。他在关注什么？他实际上在关注什么？他向我保证他将所有的注意力都集中在那对夫妻及他们出示的所有与报税相关的文件上。我让他快速回想一下与那对夫妻在办公室里的画面及他回到家见到妻子的画面。我再次问他，相比工作时对客户激光般的专注，他对妻子的专注力是怎样的？他笑了，并立即领会了我的意思。他对妻子的注意力是分散的。我问他，如果他将对妻子的专注程度用在客户身上，他的业务会发生什么变化，他回答说：“关门大吉。”

婚姻关系很多方面都涉及注意力的问题，没有注意力，我们生活的每一部分都不能蓬勃发展。如果你没有准时浇花，它们都会干枯；如果你不学习，你就不能通过考试。为什么婚姻关系就会例外？每天花一些时间将注意力给予你的伴侣。关注她，将所有的任务、想法和顾虑抛之脑后，转而将你的伴侣放置在第一位！不要让你们的关系缺乏营养，就像粮食一样，感情也需要持续的滋养。

婚姻关系是人生中最好的发展我们美好精神特质的机会，比如善良、慷慨、宽容和接纳。这也是在情感上连接伴侣的一个途径。有人会问：“我如何能够慷慨地对待我的伴侣？”这不意味着给钱，即使给钱也没什么不好。此外“我如何可以慷慨地将我的时间给予她？”或者“我可以做些什么从未做过的事情，让她感到被爱及她对我的重要性？”

有时，为了与你的伴侣产生连接，很可能意味着你需要展示新的或不同的自我。也许你不是那种浪漫的人，但是，你可以做的事情之一就是勇于开拓冒险，做一些你未曾做过的事情，这一切都会增加你与伴侣连接的感觉。你并不需要写三张纸那么长的独白。然而，你可以写一张爱的小纸条，告诉她你多么感激她为你做的一切，并且你深爱着她。

• • • 开辟新途径

我们这一代人不会自动与伴侣连接，上几辈人的婚姻生活在缺乏连接上更加明显。婚姻生活对他们来说是为了生存而产生的家庭结构，是为了孩子们能有更好的生活，很少有伴侣会特别花时间在一起沟通及连接。有些人的父母可能例外，他们之间的关系会比较亲密，但我们大多数人的父辈和祖父辈是没有体会过这种亲密关系的。与你的伴侣在情感上的连接意味着你要跳出固有思维。阅读一本有关浪漫意念的书，或在网上搜索浪漫的诗句都可能是方法之一。有时可能需要你做一些从未做过或不擅长的事情。凭借这种可能性，让自己尝试一些新事物。花一些时间停下手中事，告诉对方你的感受，或者通过温暖、温柔的抚摸与对方连接。这可能对你来说还是第一次，甚至会让你觉得有些不适或焦虑，但为了和你的伴侣连接，你可能需要忍受一些焦虑。通过表达负面情绪，表现出脆弱的一面，或表达积极的情绪与你的伴侣连接，让她知道你对她的关怀以及对她的渴望。我把它称为婚姻关系的开创阶段，因为我们很多人、你的祖先，以及你现在的朋友和家人之前走过的陈旧道路是不会引导一个长久而热烈的婚姻的。你需要注意对方及自己的需求，走出一条属于自己的道路，以此增加你们之间温暖及积极的时刻。不要等待自然产生对伴侣的“良好感觉”，创建自己的温馨氛围，让你的感情流向开拓性的积极连接！

• • • 个人思考时间

时间管理专家曾说过，有计划总是好过没计划，设置优先级也能增加效率。每天计划利用2～5分钟的时间设想你如何能够体贴、浪漫和善待伴侣。在你开始忙碌的一天之前，在车里、去工作的路上都可以做到这一点。尽可能使这个计划成为你每天的任务，它将为你在二人关系中提供巨大的回报。商业专家和顾问曾说过，你不应该盲目跳入一天的忙碌工作中，退一步，进行计划并找出你的重点，然后再投入工作。他们发现最成功的商业人士总是计划每天的行程。成功的婚姻关系当然也需要远见和思考，还有积极贯彻。

• • • 计划相伴时间——乔尔和玛丽莎

设定优先次序要求对某些事情说“不”，并对其他事情说“是”。这就是所谓的界限。如果你不花费相当的时间与伴侣在一起，那么渴望拥有美好的二人关系将会落空。大多数伴侣，尤其是有孩子的伴侣，他们需要面对的最大问题是他们实在没有时间寻找那种单独相处的特殊时刻。我曾与一对面对此类挑战的伴侣接触过，乔尔是公司的营销副总裁，他的工作时间很长，大部分时间都是晚上8点到家。妻子玛丽莎早上4点起床锻炼，并开始她的一天。她的一天被两个年幼的孩子、学校志愿者工作、做饭等事务占据。乔尔下班回家的时候，她已经准备上床睡觉了。为了解决这个问题，乔尔对现有的工作安排做出富有创造性的尝试。他计划每周加班两天，这样在工作周内他可以有三天的时间回家吃晚饭。通过这种安排，他可以帮助妻子做一些家务、照看孩子并让妻子休息。在孩子们睡觉之后，他们就可以享受一些单独相处的时间。

玛丽莎还必须学会对她的孩子们及其他烦琐事务说“不”。她是一位专职母亲，她在开车带孩子去舞蹈班及参与其他活动中花费了太多的时间。我们集思广益地设想了一下，她的孩子们怎样可以为她的拥挤日程安排提供一点儿喘息的空间。我建议她每天花30分钟的时间，尤其是在丈夫回家较早的那几天，打个小盹儿，为自己补充更多的能量或做一些让她感到愉快的事情。这样一来，当她与乔尔享受独处时间时，她会有更多的精力。

● ● ● 更多的独处时间——凯蒂和莱尔

与有孩子的伴侣相比，无子女的伴侣也会面对相似的问题。凯蒂和莱尔是一对没有子女的夫妻，但他们仍无法享受独处的时间。凯蒂是一位心理治疗师，每天工作到很晚，在工作周内经常晚上 8:30 才到家。莱尔是一家软件公司的经理，每天的工作时间是上午 8 点到下午 5 点。当凯蒂晚上 8:30 回到家中的时候，他已经很累了，没有任何留给她的能量。凯蒂想吃清淡的晚餐，并希望每天晚上可以与丈夫共度美好的时刻，她说自己在婚姻生活上很有挫败感。

莱尔描述他所经历的一天是这样的："我早上起床，节奏就像火箭发射进入太空，我急忙吃早餐并按时上下班。在工作中我谨守职责，我不太擅长指派别人工作，因此最后我还要做其他人的工作，我从不休息。基本上，我中午吃饭的时间也在工作，并在下午 6 点左右离开办公室。我回到家，吃完饭，等凯蒂到家的时候，我已经筋疲力尽了。"

后来莱尔学会了规划自己的一天及做出选择，这让他为妻子保留了一些体力。就像计划你的花销预算，你不能将所有的精力花在一个地方。莱尔之前将所有的能量花费在工作上。我们一起努力让他做出更积极的决定，更好地照顾自己，学会减压技能并学会给下属委派工作。几个星期后，他的生活变成了这样：

他早晨 7 点起床，做 5～10 分钟的冥想。他会做好上班的准备，享用一顿像样的早餐。在工作中，他每隔一小时停下一分钟，并做如下工作：

1. 做呼吸检查，确保自己做腹部深呼吸，以放松自己。放松可节省体力，反之压力会减少能量。

2. 确定是否有工作可以委派给他人及委派给谁。

3. 每天上午花 5～10 分钟的时间休息，他可以到户外走走或安静地坐在办公室里。午餐时间，他会用 30 分钟享用午餐，不去工作。下午他会再休息 5 分钟，并且下班时间不会晚于 5:30，除非有紧急情况。

4. 他下班回家后，会吃一些零食，然后休息一个半小时。当妻子回家的时候，他们可以一起在家或外出吃晚餐。他们的婚姻生活有了明显的上升。凯蒂更快乐，而莱尔也获得了更多的自尊，提高了健康指数，压力显著降低。

享受独处的时间总是会面对一些阻力，因为会受到外界的干扰，例如工作。当你认真观察你所处的情境，并有意做出积极的改变，就像莱尔那样，那么你还是很可能拿出时间和精力与你的伴侣享受独处时间的。

增加浪漫的练习

每周向你的伴侣做一件浪漫的事。比如：

1. 写一首情诗。
2. 写一张爱的字条，并将其藏在他稍后会看到的地方。
3. 请求对方与你一起在客厅里跳舞。
4. 为对方唱一首情歌。
5. 在他回家之前，在家中点亮蜡烛，并裸身在门口迎接他。
6. 在他回家之前，在家中撒一些玫瑰花瓣，并准备好浪漫的晚餐。
7. 问对方，他最想做的一件浪漫的事情是什么，并实现他的愿望。
8. 计划一个约会，包括享受独处时间，如缆车、在沙滩上散步、骑马、骑自行车、开车远离市区等。
9. 乐于走出你的舒适区域，超越自己，做一些可满足对方浪漫幻想的事情，不管是什么。

第九节　最佳伴侣的创造

怎样可以创造一个最佳的伴侣？简短的答案是——充满爱和愉悦的爱抚。美国传统词典定义爱抚为“性交前的性刺激”。我希望扩大爱抚的定义为任何可创建温暖或热烈感觉的行为，包括话语。根据这一广泛定义，本书中涉及的内容都可称为爱抚。以最佳方式感知对方，允许热烈的感情发展，高影响力的亲密关系都可以引导提高伴侣之间的情感温度。通过积极的连接处理冲突带来的痛苦，同时消除压抑情欲的阻力，创建亲密关系，引导更多高质量的婚姻生活。我们讨论过愤怒和性欲之间的关系，以及伴侣默契地处理愤怒能提高婚姻生活的质量。做一些浪漫的举动，创造一种生活方式，让伴侣和睦相处，让浪漫在两者间产生温暖、愉快的心情，从而建立一个愉快的婚姻生活环境。

然而，让我们重新回到爱抚的字典定义。我觉得字典中爱抚定义的不恰当在于似乎性交才是重头戏，爱抚变成一种达到目的的手段。一个最好的情人往往把爱抚视为重头戏。这并不意味着没有性交，也不意味着你在没有避孕措施的情况下不会计划性交，或压抑射精。这意味着，你从最初的触摸中体会到感官和亲密接触的过程。本章讨论最佳伴侣的必要心态和行为。婚姻生活更多的是建立相互愉快的身体交流，而不是为了炫耀技巧而进行表现的行为。为了做到最佳情人，你需要：

1. 注重和伴侣的连接，不要在意个人表现。
2. 享受当下的时刻。
3. 忘掉自己的各种期望，尽力创造亲密感。
4. 成为一名关爱的情人。
5. 可以尝试俏皮一点儿。

继续阅读，可以帮助你考虑如何将这五点有机地结合起来。

重视连接，忽略表现

我了解到一场精彩演说的关键不在于辞藻是否完美动听、词语串联是否流畅。演讲同样不是炫耀技巧的表演。良好的目光接触、专注于听众并真正接受他们，这比一直响着我是多么棒的声音的扬声器更重要。换句话说，与我的受众群体建立连接，在很多情境中都是极为重要的。

充实的两性关系还取决于双方之间的情感投入。很多人觉得成为一个最佳情人与双方的情感是没有关系的。很多男性认为最佳情人最重要的就是他的性能力，他必须有一个坚挺可靠的生殖器官，他必须要能够让女性获得很多高潮等。但事实上，这并不是代表一个人成为最佳情人的唯一条件。这只是我们在试图获取更好的个人表现，这不是最佳情人，我们所重视的这些以自我为中心的事情反而将我们变成最糟糕的情人。我们必须忘记我们在青少年时沾染的不科学的信息，这些信息绝大部分都指导了错误的婚姻生活的模板。当注重于表现时，你会产生自我意识，希望能给对方留下深刻印象及满足你想象中的成功标准。在这种模式中，你试图迫使事情达到特定的样貌。此时，你没可能将注意力集中在对方身上，无法进行情感连接和身体的沟通。最好还是赤裸裸地展现自己吧，这里的“赤裸裸”不一定指赤裸的身体，而是让伴侣看到你真实的一面——瑕疵、缺陷和尴尬的时刻，都是真实的你。不需要总是期望有一个无瑕疵的表现，不需要总是在意是不是需要调整方式和位置以提升表现让对方更加愉悦。其实你只要将注意力集中在对方身上，专注地体验更亲密、亲近的感觉，就可以提升双方的愉悦感了。

享受当下的时刻

我们很多人很少会享受当前时刻。我们关注于过去和未来的想法。这有碍我们在这个非常时刻充分体验现在正在发生的事情。我们都体验过被瞬间吸收的感觉。接触大自然，并充分体会正在流动的小溪或美丽的日落，你就会有这样的体会。当你被完全沉浸在你最喜欢的食物或看太阳滑下山，你就完全处于“当前的时刻”。在这样的时刻中，你不会有思维，而你正在体会。在性高潮之中，你完全处于当前的时刻。你不会去想当天早些时候发生了什么或下一刻或将来可能会发生什么。这些描述的体验往往让我们想窥探一些完全处于当下的感觉是怎样的。

当双方进入一个长期的二人关系，在爱抚的过程中，他们可能不会自动进入当前时刻的状态。你需要知道你的思想在哪里，你的思维是否专注在对方的身上，同时你自己是否享受你的伴侣？如果你没有进入当前时刻，注意你在想什么。如果需要讨论某些事情，那么暂停做爱，将你的想法说出来，之后再以体会当前时刻和体贴的方式尝试返回性爱的过程中。沉浸于当前时刻时，你会更专注于视觉、听觉、触觉、味觉和嗅觉的感觉。注意你的伴侣，偶尔看她一眼，注意性爱过程中发出的声音。在你用手或身体的其他部分触摸时，注意身体的感觉。另外，注意亲密关系的情感感受和体味体验。品味你的伴侣——她的皮肤、她的嘴、她的生殖器部位，享受伴侣身体或呼吸的香气。当然，如果这些感觉都不能令人愉快，但都可解决，那么让你的伴侣立即解决这一问题(例如刷牙或洗澡)。在你与伴侣做完爱之后，你便可以返回继续做你需要完成的事情。做爱是一个享受自己的过程，是一个充分体验当下时刻的权利。

• • • 忘掉自己的各种期望,尽力创造亲密感

许多伴侣抱怨说他们在性爱中缺少一些东西，而我发现他们之间缺少的往往就是“亲密感”。亲密感的主要阻碍是自我保护意识。人们保护的是他们的各种期望。

一个人对自己期望的形象可以被看作一个外壳，这个形象并不是这个人的本质。如果我穿着一件长长的黑色外套，那么我就是一件黑色长大衣？当然不是！首先，有衣服，你看不到衣服下面我们的身体。当然，身体包含我的感受、想法、恐惧、欲望、幻想等。人们对自己期望的形象会抓住类似于黑色长大衣的印象。我们花大量时间创建我们自己期望的样子，自发性的在生活中变得越来越少，言语和行为都经过计算设计，更多地控制以保持这一形象的存在。然而，在婚姻生活中，只有放下这些表面的形象才能达到最好的效果，才能敢于更强烈地表达自己。在你的伴侣面前不加修饰地表达自己，以宣誓你的爱。让你的爱或嬉闹的一面通过你的触摸体现出来。你对自己形象顾虑得越少，你就会散发出更多的激情。

妻子抱怨丈夫用肤浅的方式说她漂亮。她说，这听起来好像就是因为她穿戴整齐地准备出门，然后他知道他最好说些什么才说一两句，但他可能并没有真正感受到她的美丽。我问丈夫是不是这样，他说：“不是的，我其实真心觉得漂亮，但是我们必须出门，否则我甚至会控制不住自己会想和她同房。”她说：“但是你当时的语气，我永远都不会知道你真实的感觉。”显然，这个丈夫知道如何控制住自己的情绪，没错，有时候控制情绪是很必要的，但不是赞美妻子的时候！在诊疗期间，他练习了能够提高亲密感的语气。最终，他让她看到她对他的影响力有多大。他看着她说到，“真的，当你穿成这样，我就想立刻得到你。”他的语气充满了兴奋，他的眼睛也随着所讲的话亮了起来。这就是通过表达很好地提升了亲密感，让他的情绪和热情在她面前更加明显可见。

这个丈夫展示了亲密是最佳的安抚方法。通过文字、声调、姿势、笑

容和眼神接触打破了他以前受到逻辑控制的刻板形象，对他的妻子来说这一举动与任何特殊技巧或体位相比都是一种更强大的催情剂。

• • • 成为一名关爱的情人——奈特和科琳娜的实例

以下是一对夫妻案主的实例——奈特和科琳娜。婚姻生活在他们之间似乎是一个权力斗争，我着重引导他们成功地将这种斗争转换为成人对成人的婚姻关系。奈特的母亲在他一岁的时候就去世了，他的姐姐在他九岁的时候也悲惨地死去了。奈特在第一段婚姻中育有两个女儿。当他第一任妻子与他离婚时，两个女儿选择了母亲，她们和她们的母亲选择将父亲从她们的生活中逐出。显然，这个男人带着在前一段婚姻中失去重要女性家庭成员的历史，与科琳娜进入了他的第二段婚姻。科琳娜来自一个重视成就，但忽略情感的家庭。她学会了独立，成为一名拥有自己公司的成功的注册会计师。她的父亲经常发生婚外情，因此她在婚姻关系中一直持有不信任的心态。她与奈特结婚时已 41 岁，这是她的第一段婚姻。

他们带着抱怨来到办公室，因科琳娜不想与奈特同房，因此奈特感到非常沮丧。而科琳娜的沮丧则来自奈特的“粗鲁”，他从不缓慢温柔地抚摸她。我要求奈特独自进门。我推测，由于奈特经历过女性家庭成员从生活中的突然离去，因此他在现今婚姻生活中的表现可能受到被抛弃的创伤影响。我想知道为什么他对与女性的亲密需要如此强烈，他对妻子的触摸是如此有力，让科琳娜无法抵御。我猜测可能是因为他的触摸过于“黏人”，或者他会认为科琳娜“要求过多”。科琳娜独立坚强，她可能会因为丈夫的这种过度需求而完全封闭自己，并且拒绝同房。

为了解决这个封闭问题，我问奈特，当他第一次看到科琳娜的时候，他有什么反应。他说：“嗯，她是一个美丽的人，我会产生欲望。”我回答说：“这很正常，是一个健康的、可理解的反应。我希望在你下一次接近她，提出发生性关系之前，做一个想象练习。我知道这可能有些不同，但我想让你试一下。你不会有任何损失的。”他同意后，我说：“我希望你能想象在天堂中有一种爱的能力，你可以从你的头顶部分吸收这股能量。你可以感受到在你呼气时，这种能量进入你的心脏，同时通过你的手臂流出，在你的手中流入流出，进入宇宙。你会看一眼你的妻子，将她视为一个需要感受爱的人。让自己沉浸在这种想象当中，并将自己视为一个爱的能量的媒介。”第二天，我收到了科琳娜带有高兴及感激语气的语音信息，她说：“托德，和我丈夫保持联系。下周见。”

成为一名最佳伴侣的最重要一点是发现你内心深处的爱。奈特可以对科琳娜改变他曾有的行为方式。他抛弃了各种期望和情欲，用爱接近妻子。不要等待让你的伴侣为你提供良好的感觉。在你的内心深处找到你对对方的爱和关怀，它是你与生俱来的能力。奈特曾经在科琳娜身上寻找自己“缺乏”的感觉，需要科琳娜弥补他感情上的创伤，他一直在寻求她给予自己安慰。使用想象的方法，他找到了自己满足缺乏的方法。在那一刻，他不需要用科琳娜来弥补自己，他能够从那个地方找到爱。我会称这个地方为“爱之源泉”，因为这是永远深藏在你内心的一部分，它会让你把重点放在“其他人”的福祉上，在那一刻，你从不需来自任何人的回报。我这样讲不代表你不需要你的伴侣，因为事实上，你与“爱之源泉”接触得越多，你从对方身上获得的就越多。两个成年人之间的相互给予与两个“孩子”之间的相互争斗，是完全不同的。奈特和科琳娜在婚姻生活中一直在上演古老的家庭剧，通过婚姻生活来试图弥补自己的焦虑、沮丧和创伤等。当这种互动的能量来自描述中的“爱之源泉”的时候，给予和接受都处于积极的状态，在那里温暖、爱心和欢乐占据着主导地位。当你在实践中，记得在享受彼此的同时，要时刻将爱保持在中心位置。

• • • 可以尝试俏皮一点儿

对于有些人来说卧室中的嬉戏很容易，也很自然。但对于许多人而言，其实不然。本节将帮助那些想要学会在婚姻生活中加入自然俏皮元素的人士。如果你遵从之前我们讨论过的内容，选择和伴侣产生积极连接而不是关注个人表现，练习感受当下的情感，打破期望的形象，并积极找寻你的“爱之源泉”，那么你与伴侣享受两性的乐趣就会变得更简单。当你在练习其他四个技能的时候，你的自我中心意识也会变得越来越少。它会让你更有自发性及体验性。从练习与两性无关的俏皮开始，这里有一些建议。

1. 跳跃。跳跃带出你童趣和俏皮的一面，犹如周围一切事物都不存在。童趣和幼稚不同，只要是在正确时间和适当的行为，童趣可为你的生活添加色彩。幼稚的行为可以参考之前讨论的父母与孩子模式中的描述。当你跳跃，让自己跳得越高越好并可以伴随着挥动双臂，进入并超越你的舒适区域。当你开始感到愚蠢时，舒展你的动作。

2. 唱一首快乐的歌，无论唱功好坏，当你有信心时，为你的伴侣唱一首歌。

3. 播放摇滚乐并开始跳舞。当你有信心时，为你的伴侣跳舞或与她共舞。

4. 当你自己独处的时候，尝试假笑。让笑声发自你的腹部，张开嘴，让欢笑大声溢出来。

5. 挑战你的伴侣并进行一次友好的摔跤比赛。

6. 和她进行一次挠痒痒游戏。

以上的练习将帮助你打破过去的自我限制，并帮助你获取更大的俏皮自由尺度。

以下练习将帮助你在两性生活中更俏皮：

1. 爱抚可以尝试使用挠痒或摔跤，如前所述。

2. 使用吸吮和舔舐相互喂食，把你的身体作为餐盘。

3. 问你的伴侣她最喜欢的性幻想是什么，并与对方分享你的性幻想。

4. 如果可能的话，以表演的方式展现对方的性幻想。

5. 与你的伴侣跳艳舞，享受其中的乐趣。不停地转动你的臀部，跳火热、性感的贴身舞。

6. 女方可以买一些性感的内衣，作为游戏的一部分。如果女方有一些幻想，涉及男方的装扮，他也可以配合。

7. 挑逗引诱，能创造适量健康的紧张并增加兴奋度。我们的目的是变得俏皮，但不意味着过度反应。我们的目标不是让你的伴侣感到沮丧，而是让对方可以产生兴奋感的适度紧张，直至你屈服于快感和性冲动。性感舞、脱衣舞等非常规的一些要求，都可以是俏皮的激发和撩拨的方式。

8. 诱惑者和被引诱角色之间的交替，当双方可以在不同的时间内以不同的角色吸引对方，便可增加彼此之间的“性趣”。

• • • 卧室里的权力斗争

在第 6 节中，我们讨论了选择连接放弃控制，我们发现权力斗争可以发生在任何一段关系中，当然也包括在卧室里。

随着婚姻的延续，婚姻生活的主动权可能被每个人争夺。一个人对性的需求可能超越另一个人。也许，一个人希望有一个特定的性行为，却遭到另一方的拒绝。卧室里的权力斗争可以延展到卧室以外的地方。性欲是一种能量，挫折、欲望和渴望也是一种能量。伴侣双方如果学习了如何以成年人的方式处理卧室以外的冲突，他们还可以学习如何将这种方式运用于卧室内的冲突。

举例来说，一种常见的斗争是双方喜好不同的节奏。我经常听到的表达是女人像“瓦罐”，男人像“微波炉”。他可能会很快希望进入正题，但往往她还没有准备好；她可能需要更多卧室以外的浪漫及更多卧室里的爱抚；他可能会更快地结束战斗，但她可能需要更多的时间来热身。

之后会发生的则是双方坚持自己的立场，互不相让，因此无法解决任何问题。结束权力斗争非常困难，因为双方仍坚持幼稚行为的模式，为自己想得到的东西而对抗。在这种情况下争取有更多短平快的性爱的男人变得愤懑，因为其伴侣固执，并行使她说“不”的权利。他说：“这只是做爱，有什么大不了的，我们不能就直接做吗？”女方回应道：“我不会和你做爱的，因为我感到这都是为了你而做的，不是为了我。”

走出这种权力斗争的第一步便是忍受你们之间不同的喜好，不要因为具有不同的倾向或优先级而指责对方的“错误”。如果他对性的需要超越了你的需要，接受这一点，这并不代表你有义务满足他的需求。如果你觉得有责任，你有两个选择，你要么履行所谓的义务，半推半就与他做爱，要么反叛和拒绝。这就涉及了权力斗争转移的第二步——真诚面对自己，承认自己的特定偏好和欲望。在任何特定时间内，持有不同的感觉或性欲不是任何人的过错。第三步是接受你并不会每次都从对方那里获得性满足的现实。

接受个体差异，并且不武断评价伴侣和你自己，你可以更好地承受不可避免的冲突，不可避免是因为你们既然是两个不同的人，那就很有可能你们无法完美地与对方同步。矛盾的是，当你接受冲突时，你必须要选择是否坚持或屈从于伴侣的请求。无论哪种方式，你都要做出选择，是否要去讨好他，或在任何特定时刻取悦他。既然你选择要大度，那么你可以屈服于他的要求，但仍真实地对待自己。如果你决定坚定自己的喜好，也是可以的，但是要确定你并不是利用这个选择来控制对方以掌握主动权。显然你已经有了选择的主动权。所以唯一让你做出不屈服选择的理由是如果你决定在这个特定的时间，你真实的自我不想要屈服于伴侣的喜好。

有时也会出现你的伴侣因为自己的原因，匆忙做完的情况。但有时你的伴侣也会考虑到你的需求坚持更多的爱抚，还有更多的情感交流和浪漫。在这两种情况之间，尽量做最好的自己。有时可按照你的方式，有时可按照他的方式。双方要保持轮流制度，就像你们玩的游戏一样。记住最关键的是要注意所谓的“义务”或者“必须”都是不存在的，一旦意识到这一点，那么你就要意识到你是一个成年人，你有做出成熟选择的权力。

• • • 卧室里的自我评估

婚姻生活中能够进行自我评估是很重要的。如果你的伴侣指责你，这并不一定意味着你还需要指责自己。你需要更多地了解，并对自己能力更有信心，接受自己，即使其他人都不接受。这并不意味着你不需要听取别人所说的话，或改变自己。也不意味着，如果伴侣要求你停止做一些让她感到不舒服的事情，你可以继续做下去。你要对你的伴侣的回应敏感一些，接受她给你的反馈，接受反馈和通过告诉自己很差或不够好而在心理上自责，这之间是有差别的。

如果你希望可以永远取悦伴侣，那么你是在为自己打造失望。如果所有的飞机行程都要手动驾驶，飞行员则要花很多的时间和精力。但他们不可能长时间驾驶，他们只需要时常对飞机的导航系统进行调整即可。以同样的方式设想你的性关系。如果你的伴侣表示有些不悦，它只意味着需要一些调整。不要浪费很多时间试图成为最好的。相反，享受学习彼此的“性趣”。

头先入水下潜法

作为一个孩子，我想在跳水板上尝试头先入水下潜法，尽管我从来没有这么做过。我带着这个意图登上跳水板用头先入水下潜法跳入泳池中，但在最后时刻，我还是用脚先入水的方式跳了下去。每次我都会对自己感到气愤，我会重新登上跳板，我会站在跳板边缘，然后再一次用脚先入水的方式跳了下去。这种情况持续了很多次。每次当我决定跳下去时，渐进板子的边缘我就会感到害怕。我发现第十次并不比第一次变得更容易。我还记得那一刻，当我最终能鼓起勇气头先入水地跳了下去。我觉得原因可能更多是因为我对自己的失望超越了我对坏事情可能发生的恐惧，但是并没发生任何糟糕的事情。当然，之后就容易很多了。

为了成为一个独特的伴侣，你将会在某一时刻开始体验新的和未知的事情。与你的伴侣分享一些可以揭露你性欲望的事情，或许在床上会把你狂野的一面带出来。你将会在不羁的时刻庆贺你的未知，并继续体验全新的自己，就像我尝试头先入水下潜法一样。

内心的孩子正在寻找一种没有任何焦虑的方式来体验生活和婚姻，而内心中的成人知道这是不可能的。我们必须把焦虑用在更有用的点上。无用的焦虑经常发生在我们避免连接和亲密的时刻。这是感情中断和不满的焦虑。所谓的实用的焦虑是当我们把握机会，并敢于做与众不同的事情的时候。在这些大胆的时刻中，我们与自己和伴侣都生活在最有活力的时刻中。

罗杰和萨拉——深化他们卧室中的互动

罗杰和萨拉是一对保守的伴侣，已经结婚 30 年。他们有四个孩子，所以他们之间经常开玩笑说他们可能只发生了四次性关系。他们都有自己各自的困扰。萨拉有一些不好的习惯，比如她会偷偷地吃糖果，而不告诉丈夫。她会躲藏起来吃糖果，而她的丈夫稍后便会找到糖果的包装纸。他没有对她吃糖果的习惯感到不高兴，但是妻子的举动绝对像一个不想惹父亲生气的小女孩。萨拉小时候曾遭受保姆的性侵犯，她年轻的时候往往会避免性生活。她认为性爱是一件非常可怕的事情，她能够认识到“受伤孩子”的那一部分让她将性爱看作为一件可怕的事情。因为作为一个女孩，她没有控制力，而性唤起了这种无力感。治疗后，她开始更多地使用她“成人”的部分看待事物，并可以选择如何在性爱中使用自己的身体。我们专注于如何让她提升自己在性爱方面的感知，并希望与罗杰有一种更成功的婚姻生活。治疗的大部分过程也是关于减轻罪责及耻辱感，尽管曾受到侵犯，但是她仍有愿意享受刺激的一面（这是儿童性侵犯受害者常见的愧疚来源）。由于她的耻辱感减少，因而她偷吃食物的习惯也有所减少。

罗杰自己也有性爱阻力，尽管他似乎想做爱，但是我感到在同一时间，他也接受无性婚姻。他似乎对性缺乏没有什么回应，并在谈话中会尽快转移话题。

我交给他们一个任务，让他们相互触摸对方，温柔地触摸对方生殖器区域以外的部位。要求他们每天坚持 10 分钟。布置这个任务的原因是，当人们失去婚姻生活的激情或抵制性行为时，他们往往会丧失恩爱或抚摸的行动。这项任务是帮助他们重新连接彼此的方法。

后来，萨拉告诉我她不能再重复这样的练习，因为当她抚摸罗杰的时候，他说：“哦，我的上帝！你抚摸我就像虫子在我身上爬行。”当然萨拉听到后很难过。她觉得自己遭到拒绝，并带出了她的自责感和耻辱感。我告诉她：“我明白这对你来说有多难，我能理解你为什么不想重复这样的练习。但要记住，萨拉，这不仅是为了你，即使它看上去像是这样。”

30 年来，他们一直因为尝试亲密举动时第一个排斥的迹象而疏远对方。我要求萨拉不断重复的信念中首当其冲的便是“我很好，我的自尊不依赖于罗杰是否接受我”。我强调她需要在触摸罗杰之前对自己说这句话。我让她知道我理解她不想做这个练习。我说：“如果当你抚摸他的时候，他还有这种感觉，你就做几个深呼吸，然后告诉自己‘我很好，这练习不仅是为了我’。”她需要成为一个成人，并在身体上和情感上保持与丈夫的连接，并说：“告诉我发生了什么事情。当你说感到皮肤上像是有虫子爬是什么意思？”她非常不情愿地说：“好吧，我再试试。”

在一周之后的治疗中，他们看起来似乎很高兴。他们每个人轮流地告诉我那天晚上萨拉与我通过电话后发生的事情。萨拉按照我的指示抚摸罗杰，他再次表示感觉像虫子在身上爬，萨拉问他发生了什么事。起初，他什么也没有说，然后他说他不知道。萨拉问是否可以再触摸一次，看看他的感觉如何。此时，罗杰说："嗯，其实，我只是感到你的抚摸像我母亲抚摸我的感觉，我的意思不是你以任何方式侵犯我，但是你的抚摸让我感到你很需要别人。当你抚摸我的时候，我感到自我消失了。就好像所有一切都变成了关于你的需求。"然后当萨拉说："好的，你可以再多说一点。"这让他大吃一惊，在那个时刻，罗杰破涕大笑起来。他们相互拥抱着对方片刻，然后萨拉说："我想再试一下。"她补充说："记住我是你的妻子，我不是你的母亲。"他说："嗯，好的。"他们超额完成了我布置的任务，结果那一周，他们成功进行了三次性生活，与这几年的性生活数量相比，增加了三倍。

这是一个很好的实例，一对典型的、回避不舒服感觉的伴侣。事实上，有时亲密和更贴近你的伴侣可能会带来不舒服的感觉。在萨拉的情况中，她保护自己免受侵犯、脏污或羞愧的感觉，而罗杰是不自觉地保护自己免受可以使其融化、消失的女性需求。愿意接受更深层次的尝试，不再回避他们的问题，让他们有机会更加强劲地连接起来，最终他们经历了情感的突破，获得了一个健康的婚姻生活。

一夫一妻的创意

说实话，在长期的一夫一妻制婚姻中，有时幻想走出这段关系，或被婚姻外的另一个人吸引是一种很自然的现象。我们是非常复杂的人类，本书中已经讨论了很多相关部分。在大多数情况下，最理想的解决办法是自由地向你的伴侣吐露心声，分享抵触的感情，或其他人对你产生的吸引力，这些分享可能可以让伴侣更加亲近。诚然，这需要两个人有相当成熟的情商以及不以自我为中心的态度。行动和感觉之间有很大区别，如果一个人与他的配偶分享某人对他有性吸引，这与他对婚外情付诸实际行动是完全不同的。

矛盾心理

罗伯特·巴沃尔的书《Successful Marriage》（《成功的婚姻》），在标题为“健康伴侣态度”的章节中，他写道：“在功能失常的伴侣中，我很少见到对矛盾心理的尊重。”我们知道，当涉及任何种类的承诺，我们心中经常会有矛盾情绪。矛盾心理(ambivalence)的定义是 ambi——意味着两个，而 Valence——意味着心理。矛盾心理的一个典型例子就是——你想结婚，但同时你也想要单身人士的自由。

一位熟人告诉我他的新婚经历。在他蜜月的最后一天，他突然醒来，看着他熟睡的新婚妻子，他对自己说：“哦不，我娶错了女人！”在回家一个星期后，他的妻子问他是不是有什么困扰着他。他忙否认，但她说：“不是的，一定有事情发生了，你从我们蜜月的最后一天开始就一直在挑剔和批评我。”他连忙说：“对不起，我会尽量改的。”她回应道：“你想想，从我们蜜月的最后一大开始，你一定发生什么事情了。”他这时想起从蜜月结束后他一直抑制的想法，他试图清除这种想法，并许诺会变得更好，但是妻子毫不留情。她继续追问他是怎么回事。最后他说：“好吧，那天早上我看着你，我有一种好像娶错了人的感觉。”她回答说：“哦，就是这个啊，你以后还会这样想好几百次的！”

这是一个真正精彩的回应，反映了真实生活中所有的复杂和神秘。我们大多数人仍在试图过着王子和公主从此过上幸福生活的童话。这是一个美好而简单的想法，我们的生活没有童话那么简单，但却更有趣！最近我再次联系这位熟人，他和他的妻子似乎正共享着一种强大的连接和美满的婚姻。

• • • 来自婚外的吸引

在伯尼·基尔伯歌德《The New Male Sexuality》(《新男性性行为》)一书的其中一个章节“我正常吗？”中，他写道：“这是生活中的事实，很多人会被其他人吸引，这是一种很自然的现象，如果你遇到这种情况，你没有必要因此而感到沮丧。”

在我自己的实践中，迄今为止伴侣双方中的一人或双方只有在与我单独见面的时候才敢于承认他们感到过来自婚外的吸引力。很多人都会说：“我从来不会告诉我的伴侣。”如果你阅读过上述关于子性格的章节(第五节)，那么你会更加喜欢以下内容。尽管伴侣的其中一个子性格叫作“我的眼中只有你”，但是，也可能会有另一个子性格会被别人吸引，那个人可能有你或你的伴侣不具备的某些特质，或拥有与你非常不同的性格。请记住，你娶的是一个人的整体，一个复杂的人，以及一个包含了各种子性格的人。所以，当面对婚外的诱惑时，请：

1. 接受伴侣之间有关婚姻的自然矛盾，共度时光，也共度苦难。

2. 尝试突破你的不安全感，并接受伴侣的个体差异。接受他让你感到感性的部分及他可能会被其他女人吸引的部分。在我的临床实践中，我发现这种接纳显著地减少了不忠的机会，并且有时会增进自己的婚姻生活，因为接纳开辟了积极表达的渠道。

大多数人对婚外的吸引有着强烈的矛盾心理，既然婚外情的行为对婚姻关系的神圣纽带具有巨大的破坏性，那么我们需要有方法将婚外的吸引力和精力转移到伴侣身上。据我所知，与你的伴侣分享对你有吸引力的人或事物是解决一夫一妻制挑战的最佳途径。我并不是说，每次当你被其他人吸引的时候，你都需要分享这些欲望或想法，但是如果你发现自己有时会在将自己拉向别人或远离你的伴侣，那么这可能就是你必须分享感受的时刻了。如果你担心伴侣的反应，那么你可以寻求一个合格的婚姻家庭咨询师或性治疗师，这些专业人士可以帮助指导你和你的伴侣解决这些棘手的感情问题。你要时刻记住，这里的目标是让彼此更有力地在感情上相互连接。如果双方可以达到说：“哦，你会被别人吸引，有时你会有这种感觉。告诉我你的感觉是怎样的。”那么这便是最理想的结果，有些人可能不喜欢这个建议。然而，一夫一妻制也像其他的一些人际关系一样，常常需要我们忍受自己不舒服的感觉。当你从自我中心的“你的眼里应该只有我”转移到更成熟的“保持分享真实的你，包括可能让我感到不舒服的事情”。这里的悖论是你越接受伴侣会被他人吸引的现实，并愿意在这件事上和伴侣开放沟通，你对伴侣的吸引力就会越强，而他人的吸引力也会随之减弱。换句话说，合理利用伴侣的矛盾心理和来自他人的吸引力，是可以深化婚内的情感连接的。

• • • 婚姻的自由

婚姻的自由是一定程度上的自由。婚前你可以和你欣赏的人约会，你可以随便和任何人发生性关系，你只需要对自己负责。一旦结婚，你要考虑到伴侣的需求和感受，并开始为她投入更多的时间。我认为忠诚依然是婚姻的必要要素。我对“开放式婚姻”的观察是这种方式通常不会有好的结果。我的经验告诉我，与伴侣结婚，忠实于神圣一夫一妻制的纽带似乎是婚姻必须要走的路。只有在有承诺的婚姻关系中，你才有一夫一妻制的自由。婚姻是一种人际环境，它有助于你分享更多真实的自己，揭示更多的“隐秘”及你“难以承认”的部分。换句话说，只有在婚姻或一个坚定的关系中，你才有多方面的自由，并以一种亲密的方式拓展你对现有自己的定义。

大多数伴侣在婚姻中没有充分利用这种自由。你越多地表达自己，并对伴侣的多重子性格产生好奇，你便会有更大的机会成为伴侣唯一的性伴侣。

第十节　性与个人成长

性别及不同的议程

在青少年时期，我们开始有性感受，这些性感受是愉快的、令人兴奋和让人流连忘返的。青少年期的我们往往没有准备好接受真正的爱情，因为这时的性世界是一个以自我为中心的世界，其目的是有快感。如果女孩是快感的源泉，那么他“爱”她，当她因任何原因不再提供快感，他会停止“爱”她。这是与年龄相符并完全正常的，同时也是一个必要的发展阶段。这些性感觉引领青少年承担风险，男孩开始学会抵御遇到女孩时的紧张和恐惧心理，他将克服自己的恐惧并以感性的方式与异性连接。

有些男孩会用性作为博取同龄人尊重的工具。例如，夸大他的性成熟和表现，使其他男生尊敬他。这让他在团体内获得更多尊重、影响力和领导力。

青年人也用性获得被人认可的感觉。“如果我够好，人们会被我吸引。”从第一次接吻之时，他们便开始从接吻对象的身上寻求认可。

作为一名治疗师，我听到过很多成年人的悲惨往事。青少年缺少父母对异性交往的指导。他们努力地寻求安全和被爱，他们以性的方式表达自己，甚至放纵自己。身体接触使他们感到安全，并感到自己在世界上并不是孤单一人。

到目前为止，我提到了四种不同的“情态”，青少年追求性，往往是为了快乐、力量、认可和安全感。你可能已经注意到，成人使用性体验的目的与青少年并没有太大差别。安全感，来自他人的认可和“足够好”，强大和控制感会为你带来良好的感觉，并可以体验到流连忘返的感官感受，我强烈推荐它。但问题在于，作为人类，除了这些感官上的愉悦，我们能够达到更深的层次。

在本书中我谈及过佘特和科琳娜，佘特不自觉地用性的方式来感受他所需的亲近和安全感。由于在很小的时候便失去了他的母亲和大姐，因此他用性来缓解自己被抛弃的感情。他的黏人式触摸关闭了科琳娜的性欲。这导致了一种恶性循环，让他感觉再次被遗弃，越来越愤怒和越来越粘人，使科琳娜的性欲一度跌入低谷。

我采用心理意象练习，帮助他建立了一个新目的，以便于他和妻子享受性和躯体接触。他可以用他的触摸作为他表述爱和关怀的一种方式。他的性表达来自肺腑，他认为自己是爱的源泉，他可以在触摸她的那一刻起为妻子提供情感的滋养。这不仅是两个人摩擦自己的身体纠缠在一起，而这是以更成熟、令人满意的方式发生性行为。

别扭曲我的意思，为了感官愉悦做爱抚没有任何问题，了解自己及伴侣想要的体验进行各方面的感受就再好不过了。我们都希望能感到愉悦、充满动力、安全和被认可。除了这些感观体验，你更可以挖掘你对伴侣深切关注的能力，并通过你的触摸向伴侣传达爱意。尝试意象体验，就像奈特做的一样。试想一下，通过你的头顶吸收宇宙中爱的能量，让它流向心脏。当你呼气时，想象爱的能量通过你的胳膊、手臂和你的指尖流出。将自己沉浸在这种意象中，视你的伴侣为一个可爱的、需要你的爱的人。借用这种状态触摸她。我猜想，你的触摸可能会有所不同，也许更温柔。你的眼神也会变得不同，很有可能你的温柔将改善她的感受。

我曾经见到一对被墨守成规的性行为所困扰的伴侣。他总是想让妻子装扮得性感而顽皮，从她的性能量中唤起他的性欲。刚开始，他们两人都喜欢这些角色扮演体验。但过了一段时间，妻子开始找借口，不想跟丈夫发生性关系。丈夫坚持要来治疗，以解决他们婚姻生活的问题。其中，妻子多次对我说的语句是，她只是想要“被宠爱的性”。丈夫认为这意味着妻子想要普通枯燥的性生活。而我觉得妻子希望得到的是爱和珍惜，而不想感到自己只是一个唤起丈夫性欲的物体。

角色扮演可以是一个极好的调剂婚姻生活的方式，它有趣且令人产生兴奋，就像任何其他的欢快的活动。这种嬉闹可以带来伴侣间的密切协作，并保持令人兴奋和永不褪色的关系。但是，我建议伴侣们在开展角色扮演的过程中注意以下几点。

注意你的目标，你想从性体验中得到什么？你可以选择只按照你的目标进行。例如你可能希望与伴侣速战速决。只要双方商定一致，那么你们就可以享受这一短暂的时刻。但是，如果你意识到你们很久都没有享受到温柔、慢节奏的性，你可以选择彼此为对方争取更多的时间，改变你的亲密方式，不要强加自己个人的目标。

我相信我们在地球上是为了成长。很明显，婴儿期、儿童期和青少年期我们都在快速成长。我们会长高，肌肉会发展，学会如何走路、说话、舞蹈、踢球，同样我们的知识也在成长。但是，不同的年龄阶段有不同的认知水平，6 岁不能像 15 岁一样掌握数学概念。在社交能力上也一样，6 岁同龄人间的关系与 15 岁同龄人间的关系相比，两者之间有很大差异。正如你已经看到，随着时间的推移我们都会在身体、知识及社交方面获得成长。

作为成年人，我们的身体不会继续长高，但社会和情感仍然持续增长。我们注定要一直成长。婚姻需要我们的成长，没有成长，婚姻就会走向死亡。我经常开玩笑称呼心理健康医生为“shrinks”（缩水），但事实是进来的案主都是“shrunk”（缩小）型的人，他们需要扩展和增长，并超出他们的自我限制。例如，成为一个良好的倾听者，整个过程需要不断扩展。大多数人对伴侣的负面情绪或反馈都会给予幼稚反应。为了成为优秀的倾听者，伴侣们需要学习如何管理我们的冲动，削减冲动并纠正行为。我们需要培养耐心，让伴侣讲完需要说的话并敏感地融合于伴侣讲述的内容之中。正如练习倾听技巧，我们会在感情上越来越成熟，并发展出自己的个性。

你的亲密关系拥有很多成长的机会，使用你的抚摸传递更深的爱和关怀，接踵而来的是更多改善婚姻生活的方式。抓住机会发展自己的精神素质，以发掘伴侣之间的关系潜力。

可以在婚姻生活中开发出的个性

耐性

1. 你的伴侣不会总是在你想要做爱的同一时间内需求性，你需要接受对方的差异。另一方面，伴侣也需要对你的性有耐心。

2. 性爱并不总是类似于我们在幻想中见到的，或爱情小说中读到的。这里可能有很多误解，真实的婚姻生活有可能被各种因素打扰中断，这些因素会“无意识地闯入你的婚姻生活”。举例说明，一名男性在和伴侣的第一次尝试中勃起失败，因此他们都转身，失望而沮丧地进入睡眠。我曾告诉过很多此类伴侣，勃起失败后不代表他们就只能终止性爱过程，他们可以享受唤起男方性欲的过程，他可能会再次勃起。如果需要，或者如果他们想，他们可以多次重复此过程。他们能够学会挑战这些因素的干扰，体会到更完美的意境。伴侣在享受婚姻生活时的重点应更侧重在珍惜当下，而不是具体的性表现。

勇气

人类的思维比其他生物更复杂。原始生物会为他们的生存感到恐惧，而我们的恐惧会威胁到我们的心理幸福感。我们会担心此类的情感经历：

1. 拒绝；
2. 不足；
3. 放弃；
4. 失控；
5. 失去我们的个性/自由。

亲密关系的竞技场在这些方面中测试每个个体。当你接近另一个人，拒绝始终是可能发生的。可能是因为你不能取悦伴侣，没有人可以向你保证，你的伴侣会永远和你在一起，永远不会离开或抛弃你。有很多可能干扰亲密关系的因素都不在你的控制之内，比如你的身体会如何对亲密产生回应；伴侣的感觉；如果孩子要敲门等。当你越来越接近你的伴侣，不可否认，你会有失去一些自己的个性的感觉。当你与另一个人在身体上合并，界限就会变得模糊。此外，从字面上和隐喻中来讲，当你赤裸裸地展现在伴侣面前，你已经暴露了自己。不只是你的外在身体，还有你的内心世界，包括你的欲望、恐惧和需求。

当然，随着自我意识的深化和发展，你可以面对这些恐惧，并发展更多的情感肌肉。事实上，亲密关系的本质可能使婚姻成为学习的最佳舞台，它使你更具有自我意识、发展和壮大。亲密关系不是懦夫的战场，懦夫留在自我保护的世界，不愿意冒情感的风险，留在你的安乐窝的结果是生成缺乏激情的关系。勇气可打开亲密关系的创意、乐趣和活力。

• • • 对拒绝的恐惧

在现实中，拒绝是一种错觉。如果你的伴侣“拒绝”你，她只是表达了一些关于自己的东西。在卡洛斯 · 鲁伊斯的新书《The Four Agreements》(《四项协议》)中，他说，人们都活在自己的梦想里，无论是睡着还是醒着，你在伴侣的梦想中是一个人物。鲁伊斯的四大健康协议之一是“不要将任何事物视为针对个人”。不要将拒绝视为个人攻击，并回避到一个自怜的情绪状态，这将有助于增加你对伴侣的“拒绝”产生好奇心：她在情绪上发生什么事情了？伴侣为什么说或做这样的事情来拒绝你？与伴侣间保持更多的连接，并且克服任何可能阻止彼此接近的阻力。

• • • 对不足的恐惧

如果你的伴侣在关系上对你做的或未做的事情感到不高兴，那么这是一个学习的机会。在没有任何相互沟通的情况下，你不知道如何取悦伴侣是很正常的。你是否想到与你的伴侣跳恰恰？你是否会犯错误，比如疯狂、相互攻击、错过连接并逐渐走向不同的方向？通常永远不会感到沮丧、失望或心慌的伴侣，也从未有过尴尬时刻的伴侣，他们都居住在一个过于封闭的安全环境中，而这种环境只能引致他们的婚姻走向厌倦，勇敢地创造一些尴尬，要有幽默感，创造一个丰富且充满激情的亲密关系。

● ● ● 被抛弃的恐惧

面临被遗弃的恐惧会得到许多奖励。没有一个活着的人可以一直享受完美的爱，或者从未以某种方式被遗弃过。被对你至关重要的人伤害、抛弃或背叛都是一种可怕的感觉。如果你将它视为个人问题，并让它影响自己的自尊，或想象“抛弃”你的伴侣，那么你会增加被抛弃的机会，但这些经历可以有积极和消极两方面的作用。如果你仍然对抛弃持有恐惧，你将会把你的伴侣推向边缘，以试图保护自己。你可能会经常对亲密说不，或在婚姻生活中，你可能不会充分享受当下的亲密体验。你的伴侣将不可避免地对这种行为感到沮丧和疲倦，而且会让他离你越来越远，无论是在情感还是在身体上。

问问自己是否有被伴侣抛弃的恐惧。如果你注意到任何迹象，放松呼吸，让你的心放松，要乐于软化你感到的任何身体紧张。对自己说：“我愿意给予并接受对方。”在爱情和亲密关系中是不存在任何保证的。然而，你勇敢面对，将自己放心地交付于对方，你的伴侣将会感受到更多的爱。常识告诉我们，如果伴侣感受到毫不掩饰的爱和能量，他可能永远都不想离开你。当你发现亲密关系的本质时，对于这一话题存在很多悖论，其中之一是你越不在乎被抛弃的感觉，你被抛弃的机会就会越低。

● ● ● 对失控的恐惧

这是另一个悖论：对失控的容忍度越强，你的控制力就越强。在亲密关系的性舞台上，你需要学会放手的艺术。放手包括所有可能的结果和恐惧，并着眼于一时的快乐，它意味着放手自我批评，如在第九节中的讨论。这意味着尝试展示你的情绪和强度，它甚至可能意味着高兴地喊出来！这可能意味着以新的、流连忘返的方式移动你的身体，也可能意味着尝试新姿势和角色，只是为了乐趣，还可能意味着向伴侣展示他还没有见过的一面。如果你是那种强迫自控类型的人，尝试一点点舒展你的神经。也许你可以利用下一次亲密的机会，让自己比以前更开放一点。我记得我曾治疗过的一位男士，他不允许自己在妻子面前表现出快感，尽管事后他坚持说自己有体验到快感。妻子提到，他甚至在乘坐过山车时也不发出任何声音，但他声称自己玩得很开心。我给他们的家庭作业是去游乐园，与妻子一起坐过山车，练习大声叫喊“耶啊！”他照做了，并表示让自己从外在行为展示自己内心的感觉，这样的感受很好。之后，他们开始将这种体验转移到卧室，双方都获得了不少的乐趣。

• • • 对失去个性的恐惧

我们作为一个个体，都是独特的自我。我们需要自由地表达我们内心的情感、欲望等。一个人为适应另一个人而放弃他的身份，他将会感到空虚、压抑和充满自我厌恶。界限的设立是必要和健康的。在生活中，对有益的事物说“是”，对有害或有毒的事物说“不”。世界上有很多人没有为自己设立一个实用的界限，并允许自己被人蹂躏或占便宜。

每当我遇到低性欲症状的男性患者时，我会查看可能的因素，包括物理因素，如药物和激素，可能是他性欲缺乏的原因。此外，我总是多次询问他与母亲之间的关系。一个霸道的母亲通常没有自己的界限，她需要以某种方式依赖儿子照顾她的情感需要，她也会不履行、不尊重儿子的界限。她没有把他当作一个有自己需求的人，他不能对母亲持有相反意见，她需要她的儿子满足她的情感需求，并遵循她所有的愿望。

之前提到的罗杰和萨拉的实例充分地描述了这一情况，罗杰避免亲密，因为在无意识层面上，性意味着与他人合并。当萨拉触摸罗杰，罗杰会感到皮肤上像有虫子在爬行。因为它引发了母亲的霸道需要对他产生的窒息影响，他将妻子视为有众多需求且让人窒息的母亲，他的“虫子爬行的皮肤”，以及多年来避免与萨拉发生性关系均属于保护自己个性的意识和行为。他需要找到更健康、更成熟的方式来设定界限，体验自己的感情、欲望和能量。他需要认识到，与伴侣的合并并不是对个性的威胁。你会在下一个章节中阅读到更多关于此话题的内容。

同理心

有些人与生俱来比其他人更会同理。这些人更加容易感受到他人的需求，并提供他们所需要的。极端点说，这些有同理心的人可能会忽略自己的需求和欲望，他们不由自主地满足他人的需要，有些人对别人的需要极为不敏感，他们认知别人经历和需要的能力更低。这些人是完全的自我，试图让自己的需求得到满足，毫不妥协。

一段良好的亲密关系，需要互惠互利，评估自己。你对他人的需求有多敏感？你容易受到别人痛苦的影响，而忘记自己的需要吗？在性方面，你会为伴侣的需求而调整自己吗？你不问自己想要什么，或者你想要什么方式，即使你的喜好与伴侣的喜好不同。你想更改或增加你的性欲吗？你会乐于表达自己，即使伴侣并不完全赞成你的要求？“我现在感觉怎样？我需要从他身上得到什么？如果我不再担心他的需求，我会在自己身上发现什么？”你可能需要体验，要他尝试不同类型的缠绵、姿势和接吻等，看看有什么更好的感觉。简单地说，如果你对伴侣的需求过于敏感，那么将注意力从伴侣身上转移给自己，更关注自己一些。

如果你不是个富有同理心的人，你需要将注意力从自己身上转移给伴侣。你需要问自己，“我感到她现在有什么样的感觉？”“我现在认为她想要什么？”当然，你也可以随时问她，这本身就是一个同理的行为，因为注意力都在她身上。对于不习惯为人着想的人来说，起初可能会尴尬和陌生。思考他人的需要是一个积极的习惯，可以在一段时间内培养出来。写笔记，提醒你对伴侣的好奇感，问她希望如何被触摸。至少现在忘记你的需要。当你练习专注于她的习惯时，你可能会得到一个快乐、关爱及乐于取悦你的伴侣作为奖励。

学习同理没有比卧室更加适合的课堂了。这里有一些方法可以增加你的同理心。

男性

1. 看着对方的眼睛，把你的想法从自己身上移开，并注意伴侣。

2. 放松，停止试图从伴侣身上得到什么。只享受和她在一起的时刻。

3. 记住，她的感情和欲望就像你的一样，但在这一刻可能会与你的完全不同。想象一下她现在可能希望从你身上得到的。当然，你可以随时问她。

4. 尽可能给予她需要的，将她的需要视为自己的需要。

5. 改变你的触摸，放慢速度，将你的双手视为爱的渠道。改变你的触摸，注意到她的语言和非语言信号。注意伴侣的愉悦，如果愉悦似乎较少，重新调整你的触摸。问她感觉如何，以及她希望如何被触摸。

• • • 女性

1. 看着对方的眼睛。把你的想法从自己身上移开，并注意伴侣。

2. 记住，他的感情和欲望就像你的一样，但在这一刻可能会与你的完全不同。想象一下他现在可能希望从你身上得到的。问或聆听你的直觉。

3. 尽可能地给予他需要的，将他的需要视为自己的需要。

4. 注意什么可以唤醒他的性欲。尽可能愿意为取悦你的男人而踏出你的舒适区域。

• • • 创造力

与伴侣的亲密关系类似其他任何创造性的追求。创造性的追求的美妙之处是你有很多选择，并且可以通过你的参与，将能源和意向带入创作过程而产生影响。如果你想要最佳效果，这里也有指引。在音乐中，你不能只弹奏你想弹奏的乐谱。乐谱必须以和谐的、系统化的方式走到一起。但是，在和弦系统内，无论是爵士、摇滚或古典音乐，都有更多选择，无限的搭配。在绘画中艺术家需要有一些具有结构性的笔触创造一个美女或他想创建的画面。通常情况下，艺术家或音乐家已经学到了他的手艺，并认识到他的技能越多，他的创造力便会越不受限制。

同样，在亲密关系方面，你必须遵循同理的准则，你不能只做你想做的。然而，你越同理，你就会越了解伴侣在性和情感上的需要，你们两个就可以更加狂放不羁地创建“优美的乐章”。在卧室中有太多的方式可以触摸、亲吻、拥抱，你的说话、想象、触碰，都可以渗透和接收你的伴侣。正如在音乐和艺术中，花最多时间参加创作的作者往往能得到最好的作品。这就是为什么老年伴侣经常报告说，他们现在比年轻的时候有更好的亲密关系。当然，这些都是在他们的关系中长年累月花时间了解对方，做足功课的结果。

综上所述，亲密关系是个人成长的丰富舞台。这里有很多可以发展自己的耐心、勇气、同理心和创造力的养料。为什么不为你的婚姻生活打造一个养育基地，在这里培养高品质的亲密关系？这有两大好处。其中之一是，这些成长的品质将转移到生活的其他领域，在这些领域中你可以得到更多你想要的东西。其次，当你获得了这些品质，你可以继续开发你们在亲密关系中的潜力，从而得到更大的快乐，并在情感上与你的伴侣连接。不断地向上攀登，这些品质将不断地为你打造一生的幸福生活。

第十一节 亲密关系中的索取

有句老话说，奉献高于索取，在某些地方，它可能是真实的。但在伴侣关系中，我认为两者是同样重要的。问题是，如果我们不知道如何索取，那么有意义地奉献就会很艰难。不知道如何索取的人，将不会以成人的心态奉献。他们通常以父母的心态去奉献，带着一种试图管理或帮助其他人的心理，或者试图以孩子的心态奉献，往往为了寻求长辈的赞同。当奉献的目的是为了管理和控制或寻求赞同，“奉献者”很有可能会被嫌弃，因为他的奉献不是来自真实的自我。另一方面，成人对成人的索取和奉献是相互守恒的，他们应该彼此连接，对彼此的爱坦诚并互相取悦。

初步自测你的索取能力的最佳方式是自问一下：“当我的伴侣触摸我，我是处于放松状态吗？我的胸口是否发闷，我的胃是否有紧缩感？当我吻对方的时候，我的嘴唇是否是柔软的、开放的？我紧张吗？我的嘴巴是紧抿着的吗？”每当亲密关系中带有紧张和焦虑，它会自动向你的伴侣索取封闭和拒绝。正如我之前讨论过的，在你的伴侣面前打开自己的心扉相当重要，为了让你们拥有更好的婚姻生活，你需要学习如何调整你的身体。只有这样，你才可以干预这些紧张和焦虑的模式，索取伴侣的礼物，请允许这种调整成为亲密关系体验的一部分。

• • • 抵抗快乐

将你的两只手一起放在你的面前，手掌对手掌。两只手相互推，在同一个地方产生一个相等的压力。感觉一只手的抵抗力通过另一只手发挥出来。你手中感到的阻力类似于身体其他部位的感觉：当你要做一些你不想做的事情时，你可以感觉到身体的紧张或收缩并且形成一种阻力。这种感受在你用一种抵抗心理做一件事情时就很明显。

有些人对性所带来的快感具有较强的抵抗，这种抵抗通常在身体的不同部位形成无意识的紧张，如胃、心脏和面部区域。这种带有抵抗的索取亲密关系实际上是试图以某种方式取悦于人(如下面所讨论的内容)。这种模式对两性关系有很大的破坏性。我很多次发现，人们在生活中不停地产生这种状态，这种抵抗大大提高了健康地索取亲密关系的难度。

• • • 造成抵抗的五大原因

1. 生存与非生存：这个人可能成长在一个混乱的家庭中，其中生存是每天的主题，没有空间满足家庭其他成员的情感需求。也许，家里存在暴力或其他类型的虐待或忽视。生存这一主题通过人的一生得到持续，包括在当前的婚姻关系中。当生活是为了生存而生存，换句话说，只是为了不受伤害地度过今天，主动索取其他人的关怀根本就不在计划之内。作为伴侣，他们不知如何索取婚姻生活，也不知如何索取其他形式的情感滋养，如获得赞扬，他们甚至不会做一个索取浪漫的手势表达的人。

2. 羞耻与良善：这个人可能在性保守的环境下长大；可能是由于带有宗教背景的家庭教育；她也可能是性侵犯的受害者，并对性感到羞辱。此人不断努力实现“不做坏事”的准则。无疑，过于亲密的行为都可能为她带来耻辱，这将导致对婚姻生活的极大抵抗。

3. 独立与无助：此人有可能过度独立，并以某种方式自我奖励这种过度独立性，她建立了无意识的墙壁，以避免在亲密关系中暴露自己的脆弱。对她来说伴侣关系需要由一个人占据主导地位，而另一个人占据顺从地位。她选择这种关系模式，放弃相互取悦的乐趣，以避免出现无助的感觉。

4. 预防伤害和抛弃：此人可能经历过重大的伤害或抛弃，她与别人保持距离以保护自己不会再次受伤害。如果她让自己感到性快感，尤其是强烈的性快感，她会恐惧自己变得更需要伴侣。在这种情况下，如果有一天他离开了她，她会再次受伤害。

5. 对无能的恐惧：卧室内外的生活是一个又一个的实验场，很多人觉得性方面的不足被认为是风险最高的“不够好”。为了防止这种无能的评断，这个人也有可能放弃过于亲密的关系和与伴侣相互取悦的乐趣。

克服五个抵抗因素

如果你觉得自己对亲密关系的索取有着显著的抵抗心理，那就再仔细看看我们列出的五个原因中是否有一个或多个与你相符。要知道，在你生活的其他领域中，你不自觉地限制了自己拥有良好亲密关系的可能性。这五个抵抗因素可能因为各种原因出现在人们的生活中。比如他们的生活中某个占据重要心理位置的事物被夺走了；生活在一个基本生活条件受到威胁的家庭；在过去的生活中被抚养的经历视为耻辱等。为了解决这些在生活中出现的问题，各种抵抗心理应运而生，但是这样的解决方案为他们带来了人际交往的各种挑战，在婚姻中就主要表现为对亲密行为及其带来的愉悦的抵制。

好消息是，一旦你意识到这些因素是抑制你发展亲密关系的绊脚石，你就可以开始挑战自己现有的认知。例如你可能会开始发现你的生活已经不仅仅是为了生存。或者，你可能会意识到你在婚姻生活中的尝试是足够的，表现并不重要，你所展示的就是你最好的一面。在所有这些问题中，你要认识到，你之前那些为了安全、善良、力量、保证或认可的抵制行为就像“狗追赶自己的尾巴”。只有真正解决这些问题，你才能摆脱抵抗情绪并确认你所展示的是你最好的一面。换句话说，你已经有了保障、权力和其他所需的一切。你只需要修正自己的认知，认识到是过去的信念让你感到自己缺少了这些事物。让你的新意识淹没这些旧信念。

下一步则是通过体验伴侣关系中的索取而挑战这些旧的信念。要让自己更快乐，亲密关系提供了一个极好的机会可以让你来挑战你的抵制心理，要对自己有耐心，不要屈服于过去的自己。你的伴侣和你们的亲密关系是一个很好的训练场，以提高你感到被爱、被珍惜和与伴侣嬉戏的能力。

• • • 依赖的重要性

我曾治疗过一对名为莎伦和爱德华的伴侣。爱德华是一名律师，莎伦是心理治疗师，两人都是 50 岁左右。爱德华儿时，父母都非常繁忙，他们在纽约经营一家肉店。他们为家庭提供优渥的生活条件，但由于太过于忙碌，爱德华没有得到任何情感上的呵护。作为一名成年人，爱德华经历了几段纠结的感情，在此期间他都是一个主动追求者，总是试图使事情有所进展。他用尽一切办法取悦女伴，无论是通过宽容、礼品或很多感性的行为。但每段感情都被女方结束。所以现在他对可能出现的抛弃非常的恐惧和敏感。

遇到爱德华之前，莎伦曾经历过一段认真的感情，在那段感情中，她无法接受对方令人窒息的控制行为，最终她提出了分手。在我们的一次治疗期间，爱德华说："每当我与莎伦一起坐下来，我会用我的手臂搂住她和拥抱她。她对我的'动作'总是不冷不热。"这样的状况很常见，两个人旧的行为模式再次出现，重演了一遍又一遍。爱德华觉得他必须用大量的努力才能让对方感到亲近，但莎伦觉得这些行为令自己窒息而把他推向一边。

我要求他下一次与妻子坐在一起的时候坐在自己的双手上，不要触摸妻子或用手臂搂住她。作为一名诉讼律师，他站起来说："这不是我，我喜爱表达自己的深情，我希望我能搂着我的伴侣。"我告诉他我明白，然后问他是否曾经经历任何没有按他的预想轨道行驶的事情，是否主动索取过任何爱和关心？他连忙说："不，我从来没有。"然后我说："我不是要改变你是谁，这是关于学习如何让其他人给你更多爱的机会。”他说：“所以，你要我坐在我的手上？”我回答说：“是的。”他说：“好吧，那如果她不主动接近我怎么办？”我说：“我们到时就知道了。”那一周，他硬是坐在他的双手上。而这一次，爱德华不仅有了新的体验，成为妻子的用情对象，而且莎伦也很高兴，因为她有机会向丈夫做出一些举动了。

我们的生存依靠水、食物和空气。我们的情感需求也必须得到满足。我们都有自己的个性、独立和自力更生的一面。与此同时，我们也有自然依赖的需求，为了有一个健康的伴侣关系，我们需要在独立和依赖两个方面共同成长。依赖不意味着过度依赖，过度依赖是当一个人该自己做的事也不做。健康的依赖有助于自力更生、自我调节，同时也能够信任和依靠别人。请记住，为你的伴侣提供“奉献”的机会，你需要信任和理解你的伴侣，让他作为可以被你依靠的对象。如果你将你的伴侣视为不可以依靠的人，你在对待他的行为上也会表现出这种态度。

●●● 问自己“我想要什么？”

我在问一些案主他们想要的东西时，有些人不知道如何回答这个问题。你可以自己尝试一下，问问自己：“我想从伴侣那里得到什么？”允许让自己存有欲望。如果你回答这个问题有困难，停止太过用力的思考。注意你脑海中不经意间想到的事物。不一定是非常大的需求，可以是一个拥抱、一个亲吻或花五分钟时间倾听困扰你的事物。记住，如果你不问这个问题，你就无法学会索取和奉献，充分地索取你的需求也会帮助你懂得如何充分地奉献来满足对方。

●●● 我想出去散散步

我有一位名为乔治的案主，他身高 6 尺 8 寸(约 2.03 米)，他可能是我服务对象中身高最高的。他同时也是最温柔、最被动的一名案主。他参与了一个小组治疗，其目的是让参加者摆脱恐惧和加快自我发展能力。每个星期，所有的参与者都需要完成一项家庭作业，以帮助他们克服恐惧，并最终提高他们的幸福感。在一次治疗中，我问乔治他对妻子有什么需求是没有告诉过妻子的，不足为奇，他的回答是“我不知道”，但之后紧跟着说“我希望我妻子开心”。

我追问乔治想想他自己的需求，他最后说：“我想与我的妻子散散步。”我问他：“你和你的妻子最近的一次散步是什么时候？”他说：“我们从来没有出去散步过。”我说：“这周你的家庭作业就是和妻子去散步。”他回答说：“好吧。”对于乔治，这为他创造了一个挑战自己焦虑的任务。在下一次的小组聚会中，我检查上次给乔治的任务。他说：“是的，我做了我的功课。”其他小组成员好奇地问乔治与妻子散步的结果如何。他说，他们没有去成。以下为他和我的对话：

乔治：“我要她和我一起去散步，她说，‘嗯，我有点忙。’就是这样！”

托德：“从 1 到 10，1 是我可以去散步，但不去也没有什么大不了的。10 代表我真的、真的、真的、真的很想去散步，你属于哪一个级别呢？”

乔治：“是 10。”

托德：“好，那么你需要做的是，回去和你妻子讲‘我想和你去散散步。’如果她说她太忙了，你就轻轻触摸她的肩膀，并说：‘不，你不明白。’并说给她四个‘真的’，‘我真的、真的、真的、真的很想去和你散步。’看看会发生什么。”

我要求他在小组中进行角色扮演练习，我们每位组员轮流扮演他的妻子。

在随后的小组聚会中，我问他任务做得如何。乔治说：“是啊，我让她去散步，她说她太忙了，所以我就照你说的，我摸着她的肩膀，并表示，‘不，你不明白，我真的、真的、真的、真的很想去散步。’然后她说：‘哦，好吧，那我们去吧。’自那以后每一天她都会问我想不想去散步！”乔治对他的新启示很高兴，他可以自由表达他想要的东西，也让他的妻子知道他强烈的愿望。他甚至可能会得到令他意想不到的更加满意的结果！

卧室里健康的自私——布里奇特和迈克尔

布里奇特和迈克尔来到我的办公室。布里奇特对迈克尔很不高兴，因为她抓住迈克尔将手放在裤子里，并在看一些成人影片的场景，但他永远不会主动和妻子进行婚姻生活。她向我提出她自己的结论，“他太自私了。”我回应道：“不，我认为问题是他不是自私，而是自大。”她对我说的话非常生气，我说：“让我来解释一下。请问他大概多久会对你提出进行婚姻生活的要求？或者提出尝试一些新鲜事物，比如不同的爱抚方式，或者在你耳边说甜言蜜语等？”她回答说：“从来没有，他从来没有这样做过，我很希望他会这样。”我说：“是的，当然，这就是自大。区分自私和自大是很重要的，自大并不是一件非常好的事情，自私有时候可以是一件好事。如果你的丈夫是自私的，他就会要求你做他想要的事情，他会让你参与，让你成为他的一部分。而自大则是当他通过成人作品进行自慰，他不愿意跟你连接，没有让你参与这一进程。他不以成人对成人的方式回应你，他心中幼稚的部分在操纵他，并以他自己的方式来满足他的性需求，而不是让他以成人之间的方式满足他的性需求。”

在婚姻中我们无疑要开始“占用更多的空间关系”，我们的伴侣必须认识到真实的我们，并留出空间让我们成为真实的我们。否则，我们最终不得不依赖败坏的行为去占据这些空间，例如，药物依赖、食品依赖、婚外情、性依赖，并自大地依赖其他不健康的方式。你要成为健康的自私还是不健康的自大？

• • • 奉献和索取的关系

迈克尔和布里奇特的例子，在他开始要求妻子以特定的方式进行婚姻生活后，妻子奉献热情和积极响应。他也以这种方式发现他自己的想法和需求在婚姻中很重要。当我们发现自己对某人的重要性时，我们会有何种反应？我们如何看待对方？通常情况下，我们会对伴侣有更好的感觉。我们很多时候有回报的意愿，这是理所当然的。当人们对我们很好，我们很容易以诚待人，就是这么简单。迈克尔开始逐渐体验到对妻子提出要求并学会从妻子那里索取更多以满足自己的需求，同时他也变得更加细心，对布里奇特更加关爱。

• • • 保罗和克里斯蒂娜的实例

保罗希望和克里斯蒂娜有更频繁的婚姻生活，但他对克里斯蒂娜的反抗感到很沮丧。因为他总是主动提出要求，克里斯蒂娜对他的反应非常冷淡。最终，他放弃了试图主动进行婚姻生活的行为，他们的婚姻也变成了无性婚姻，他也再无法承受这种生活，他想脱离这段婚姻关系。当他打电话给我时，他们已经想离婚了。

他们作为一对伴侣来我这里，我问克里斯蒂娜她想要的是什么，或者如果她想和丈夫有婚姻生活，她希望会是怎样发生的。她对我的回应是："我只是希望他不是那种需求过多的人。"我告诉她，有时我们在判定他人的时候，我们需要更多地认识自我。在她的认知下，如果她希望"不要要求得过多(以她自己的话讲)"，这可能会有所帮助。我再次问她，除了对方不要有过多的需求，她还需要什么。这个时候，你已经可以预测她会说了什么。"我不知道。我只是不想在有压力的情况下与他发生关系。"当一个人以消极的口吻回答这个"我想要什么？"的问题时，她并没有真正地说出她想要什么。她所说的是她不想要什么。很显然，克里斯蒂娜并不知道自己想从保罗那里得到什么。

克里斯蒂娜应该学会健康的自私和索取。再者，她要开始理解并认识她对婚姻生活的要求并不是为了满足丈夫的需求。她从来没将性看成是一个可以让她得到快乐的事情。这似乎是显而易见的，性是乐趣，但很多人认为它是要为对方提供的一种服务。她来自一个缺少父爱的家庭，母亲患有精神病，因此她过早成熟，像一个小大人。为了生存，她不得不变得独立坚强。她长大后成为一个非常有吸引力的女人，在求偶阶段和二人关系的早期，保罗和克里斯蒂娜很满意他们性关系。但婚后不久，她对性的所有渴望都封闭起来了。她成为管理者、执行者，她不仅是孩子们的母亲，也是她丈夫的母亲。她似乎从一个需要满足要求众多的"儿子"的"母亲"角色转移到一个需要满足"父亲"需求的"女儿"。学习健康自私的唯一方法是把他们的交往模式转移到成人之间的状态。

她需要做的是找出自己想要的事物，并开始正视婚姻生活也是她的权利。她需要更加了解造成她抵抗心理的两大因素：生存的胁迫和对无助的惧怕。这些认知的转变会帮助她开始意识到自己生活中在多少时间里她将自己视为为生存挣扎的人，尽管她的生存没有受到明显的威胁。她意识到她醒着的大部分时间都在担心她的孩子们，也担心各种全球问题等。她开始允许自己在某一刻放弃了对生存的挣扎，并让自己享受一些关怀和自己的生活。她还认识到她对无助感的恐惧，并开始学习如何强化自己，从无助的情境中保护自己。渐渐地，她开始认识到她自己的成长，感受到自己真实的、积极的力量。她开始学会对某些事情说“不”，学会什么时候说“是”。概括地说，这就是个人的界限——对你想要的东西说“是”，对你不想要的东西说“不”。于是我告诉她，对某些事情说“不”是可以的，但让我们从你想说“是”的事情开始。与其将婚姻生活视为单方面对丈夫的奉献，不如自问“我想要什么样子的婚姻生活？”她不断挑战自己，防止再次陷入“我要服务他”的模式，并不断地提醒自己性和爱都是她生活的一部分。在这对伴侣治疗的开始阶段，我们将婚姻生活的重塑全部集中在她的需求之上，而保罗的工作则是对她的需求做出回应，他明白这种临时矫枉过正的必要性。她开始发现自己喜欢的触摸方式，她开始将婚姻生活视为一种乐趣。随着她对爱抚要求的增多，她对丈夫亲近自己的埋怨便随之减少。

保罗和克里斯蒂娜最终找到他们都感到舒服的亲密模式。他发誓要多多倾听并满足妻子更多的需求，让双方的需求在同一步伐中。而妻子愿意满足他的愿望，让无性的生活不会超过 48 小时，只要她觉得这是他们双方的选择，这也是一种方式。如果她开始感到“义务”的成分，那么她需要改变自己的思维方式或他们二人的亲密模式。

婚姻生活的另一个示例，亲密的边界与边界扩展

卡尔和纳丁七年没有身体接触、没有牵手、没有拥抱，甚至没有亲过对方的脸颊。纳丁拒绝任何形式的身体接触。她声称，她爱丈夫，但不想碰他。卡尔是一个正在进行戒瘾康复的嗜酒者，参加戒酒支持小组已经 7 年了，与此同时，也有 7 年的时间没有与纳丁有过任何的身体接触，为此卡尔感到非常沮丧。纳丁不知道为什么她的身体拒绝他，他们都感到十分困扰。在一次治疗中我要求他们在接下来的一周内互相亲吻，一次就好。

我不知道会发生什么，但我很好奇他们会怎么做。在接下来的一周他们再次来到我这里，但仍没有亲吻。我再次给他们同样的任务，希望对再次报告失败的歉意会激励纳丁克服她的反抗并尝试完成任务。接下来的一周，他们有亲吻。然而，卡尔说，在接吻过程中纳丁的嘴很紧，“你无法将一根针插进她的嘴里”。

我决定对纳丁做一些催眠治疗，看看是否会突破她的抵抗心理。我让卡尔在等候室等候。我帮助纳丁放松，然后让她想象卡尔向她走来。我指引她让她的面部放松，轻轻地张开她的嘴，想象卡尔将他的嘴唇轻压在她的嘴唇上。我让她继续放松，想象他的吻渗透她的体验。这时，她以反感和厌恶的方式发出声响“唔”。我问她怎么回事，她说在想象到充满激情的接吻的画面，她对此感到厌恶，此刻，我的直觉告诉我叫卡尔过来。当他坐了下来，我让她告诉卡尔发生了什么。她很担心他的感情会受到伤害，但我说，我认为他可以应付的。于是她告诉卡尔她的厌恶之情。卡尔说：“哦，说真的，我早就知道了。我能感觉到你的厌恶感，毕竟你已经7年没有碰过我了！但为什么？你为什么反感我？”纳丁首先表示，她不知道，但是早些时候进行的催眠好像帮助她想到了一些内心深处的感受，她说道：“你知道，当你喝酒的时候，你会要求我做一些我不想做的性行为。我恨自己做的这些事情。”她越说越激动，她说：“虽然我父亲没有侵犯过我，但他在生活中主宰我的一切，从不关心我的感受或希望。我觉得在你喝酒的时候并且与我发生了性关系之后，我会有同样的感觉。我对自己发誓永远都不再将自己置于那种情景中。”注意，这里我们看到了羞耻和对无助的恐惧两大因素。

很明显这就是他们没有身体接触的原因。通过不与卡尔发生任何形式的身体接触，她能避免自己的耻辱感，以及她的无助感（她面对父亲的感觉）。纳丁做出了一种无意识的决定，通过抵制婚姻生活，甚至与她的丈夫没有任何身体接触，设定了一个界限。正如你可以想象的，这个认知层面的发现对双方都是一个重要的启发。

对照症状来看，卡尔和纳丁需要了解如何设置更加健康和积极的界限，学会在亲密关系中进行奉献和索取。她能够学会面对真实的自己，同时与卡尔拥有正常的伴侣生活。她可以向丈夫说“不”，她也可以向丈夫说“是”。这是她的选择，她有在任何时刻做出选择的自由，无论她是否想与他有任何肢体接触。她甚至可以发起自己的想法，并要求卡尔适应她的愿望!

这是在伴侣中常见的一个问题。在你们的关系中发生了什么?有没有设置一个边界来抵抗亲密关系,或者你们双方是否有学习如何扩展这个边界?练习问自己想要什么,并对伴侣想要的事物带有同理心。当你没有得到你想要的东西时,可自我抚慰,并对自己赋权,向伴侣说"不",如果能做到这样你就会保持自己的完整性。

阳刚与阴柔的实用定义

这些词语我们经常见到,对不同人的来说阳刚与阴柔的意义也可能很不一样。我觉得我们每个人都有阳刚与阴柔的特质。阳刚是我们的一部分,能对他人产生影响,并以某种方式渗透到世界或其他人中。男性的生殖器在性行为中也象征着这种阳刚的渗透或影响力,当我们努力使事情达成,获得他人的接纳,通过我们的行动造成影响,就可以称作一种阳刚的行为。而阴柔就像女性的生殖器一般有着包容的意味。这也是我们的一部分,让我们可以敞开心扉,让世界或他人影响着我们。我们阳刚的一面主动给予,我们的阴柔的一面包容接纳。阳刚是发起的行动,阴柔是允许的状态。但是,阳刚之气太强也会给人带来一些负面影响。例如,过早老化和早期心脏问题,还会剥夺享受生活的喜悦;阴柔之气太强会让人缺乏面对世界的技能,可能会导致过于依赖他人,有时会导致自己陷入负面的二人关系之中。在这种状态下,她们往往生活在配偶的影子之下,不能找到自己的行为方式和自己的个人道路。我们需要某种平衡才能在这个世界中茁壮成长。我们都是独一无二的个体,每一段二人关系也都是独一无二的。这意味着,没有两个相同的个体,也没有一个通用的方式来平衡伴侣关系。

话又说回来,对于大多数伴侣,为了有一段长久且充满激情的婚姻。男人需要在婚姻中感受到阳刚之气,而女人需要在婚姻中感受到阴柔之气。当一个女人需要做的太多,管理和承担过多的责任,她的阴柔荷尔蒙将减少甚至关闭。同样,男人需要感觉自己对妻子产生了积极影响。他们需要感受到他们的阳刚力量,但在某种程度上,在他们的女性伴侣的感情生活中也可以产生一个积极的变化。母亲与儿子的动态人际关系,即妻子管理并弥补丈夫的孩子气，通常会引致双方的关系走进婚姻的死胡同。在“母亲”角色中妻子拥有太多的阳刚，而丈夫则像是被“阉割”了，我不是说她“阉割”了他，而是由于阳刚与阴柔能量的衰减和扭曲，他们的无意识的行为致使一方失去对亲密关系的欲望。

我发现在最健康的伴侣中，他们会相互平衡阳刚与阴柔的角色。然而，在婚姻生活中，我依然推荐男性充分运用其阳刚之气的核心，而女性则表现其阴柔之气的核心。例如，丈夫可以要求其妻子打扮性感、调皮，充分运用她的阴柔是再好不过的。以我定义阳刚的方式，丈夫需要认识到这是一个男性化的角色。有着良好亲密关系的伴侣可以自由使用和转换这种力量，彻底享受它，是什么让妻子可以长期感到这种对亲密的欲望，是一种能够依靠丈夫的感觉，是可以感到被爱和被珍视的感受，是能够敞开胸怀索取他的爱抚、语言和能量的自由。同样，男人可以享受体验自己融入妻子的强烈欲望，感受到她们“倾国倾城”的美丽，及对自己伴侣彻底和充满激情的爱，与妻子融为一体。

你在抱怨你的妻子缺乏女人味之前，看一看这是不是你自己造成的。你与妻子建立的生活方式是否允许她有关爱自己的时间，还是她整天都沉浸在阳刚之中为家庭奉献？如果她处于这种过于男性化的角色之中，那你就需要做一些事情来唤起她的女人味。如果你不这样做，就不要指望她会对你有任何的欲望或对你敞开心扉。记住，让你们之间的关系更富有创意。可以这样想，如果我发现了问题，我应该怎么处理？我能够通过做什么来改变它？不要责怪自己，要寻找一个解决的方法，并有意使其变得更好。

在抱怨你丈夫缺少阳刚之气时，看一下你是不是也有责任。你是不是也是那种很难信任他人的类型？你允许别人为你做些什么吗？你会让自己停下来闻闻玫瑰吗？或者整天都沉浸在处理事务之中？你愿意将家庭的部分责任推给丈夫，让自己更女性化一些吗？再次，不要责怪自己，只需要想办法慢下来，他在那里等你。

在你更加了解你有能力展示另一个自我，并唤起你的配偶时，你便处于一个更有影响力的位置，你可以营造一段温馨、充满爱、火热且充满激情的婚姻。享受过程，庆祝每一次的进步，并对自己和伴侣有耐心。当你改进了老旧的认知和习惯，你便为你的子孙后代建筑了一个健康的框架。请记住你们在亲密关系当中的进步和创新。最近，有人问我伴侣是否真的可能有一个长久且充满激情的婚姻，我说："当然，只要我们做一些与我们的先辈不同的事情。"没有什么可以替代勇气、远见和创造力。不要回头看，而是向前看。我们处理亲密关系的潜力巨大，现在的你可能还没渗透冰山一角，我们才刚刚开始。

• • • 突破对亲密抵抗的练习

1. 我们通常通过回避感受、行为或远离伴侣来消极处理对亲密的抵抗。这让我们待在自己的安乐窝里。就像罗杰和萨拉一样，你必须愿意踏出你的舒适区，与你的伴侣体验更多的情感和身体亲近，把自己置于你通常会避免的行为或任何你会避免的情境之中，把自己暴露在让你产生抵抗情绪的认知里，尝试彼此相互的爱抚。如果有负面情绪出现，可询问对方："你有什么感觉或体会？它来自哪里？我之前做过什么，或我可以对你的反应做些什么？你在想什么呢？"让你的伴侣尽量对你敞开心扉。当她完成后，询问是否可以重新开始你们之前的爱抚，尊重对方的回答，过程中最重要的是有爱心、同理和耐心。

2. 个人练习，你可以通过此练习来挣脱对性的抵抗。"假装"比你以往对亲密有更多的欲望。你可能需要在镜子前做一些充满欲望的动作，或跳一些性感的舞蹈。此处的关键是获取更多欲望的感受。你也可以买内衣或去性用品商店看看是否有什么可吸引你的，你可以与你的配偶一起尝试。

3. 与你的伴侣玩角色扮演，愿意为对方担任一个角色，勇于创新，享受乐趣。

• • • 学习健康依赖的练习

1. 问自己，"我想从伴侣那里得到什么？"思考有什么东西会让你感到更多的爱、快乐、感情上的营养或被珍惜。一旦你得到答案，想象你的伴侣就是你可以依靠的奉献者。忘记过去，让你们开始一个新的原创故事。如果他不能马上配合你，不要轻易放弃。让他知道你的需求有多么重要，你有多么需要他，靠着耐心、时间和想象力，你就能学会依靠伴侣，并发掘出你们真正的能力。

2. 躺在伴侣的腿上，让她触摸你的脸。注意是否有任何反抗情绪或身体紧张的感觉，让自己尽可能多地放松，与她连接。这个练习是单向付出，你不需要进行回报。

3. 让你的伴侣拥抱你，你不需要拥抱对方。两臂放在身体两侧，感受单向拥抱的爱和情感熏陶，感谢他的爱。

4. 对伴侣说："我相信你，我可以依靠你。我可以在你的怀抱中放松身心。我原谅你，我曾经因为你的行为经历了伤害，我现在需要让你再爱我。"当然，你可以修改这些话语以使用自己的版本，让你的话语与你的经历产生共鸣。不要为了说那些话，而等待感觉的降临。有时候，我们必须采取行动，或先展示出我们想要体验的感觉。

• • • 重新调整阳刚和阴柔的练习

建议与你的伴侣参加宴会厅舞蹈班或集体舞，由男性引领，女性跟随和回应。

• • • • 男性

1. 浪漫。（请看第八节的练习）这是一个焕发配偶女性气质最有效的方式。

2. 约会。完成所有的工作，安排好孩子的照看。可能的话，为她安排一个惊喜的约会。

3. 问自己你能对孩子或家务做出什么贡献，让你的妻子可以休息，让妻子有闲暇时间可以做自己想做的事情。

4. 同理。确保至少有一部分时间由你自己主动发起婚姻生活，确保让她知道你对她的渴望。

• • • • 女性

1. 尝试一些性感的服装或内衣，以衬托自己的女人味。

2. 意识到自己对于伴侣的角色态度（通常当女性抱怨说，他不关心她，或她才是家里掌权的人），消极的态度会使得两个人都在促成这一不愉快的状态。他可能因为各种原因无法满足她所有的需求，同时她可能会感到不舒服，用消极的态度要求伴侣满足不同的需求。这种让我们苦不堪言的伴侣关系是非常常见的。开拓伴侣新的一面需要勇气，允许自己以自己不习惯的方式靠向他，让他知道你需要感觉被爱和珍惜。

3. 感激他为你做的事情，男人喜欢别人注意他们做了什么。在本章中，以及整本书中都介绍了这方面的练习，这些是开发和维护长久且充满激情婚姻的有效催化剂。我们知道到健身房锻炼的好处，我们也知道我们想要的健康是需要一段持续的锻炼才会达到的。这些对于亲密关系的练习也是一样，需要始终如一地练习。伴侣间的爱、快乐和喜悦是可以随着长期的练习，被无限地开发的。

第十二节 总结思考

在你继续走向长久且充满激情的婚姻之路时，记住以下几点可能会对你有所帮助。

1. 亲密关系是一种冒险，所以也应该以冒险精神对待它。与你的伴侣一起尝试新的认知和体验，勇敢分享你的感受，倾听她的话语，探索新的行为模式和方法。

2. 不同性别之间的气质、欲望和喜好有着巨大的差异，男人和女人对于性的理解和需求也非常不同。我们要学会尊重和包容彼此的差异。约翰·格雷说，男人来自火星，女人来自金星，这是一条真理（在我的实践中，我也经常看到不同寻常的情况。有时我看到需要更多感情投入和更敏感的男性，也看到对爱抚和连接不感兴趣及与男性相比具有较高性欲的女性）。我们不能武断地评判对方，我们需要了解我们的分歧，并将其扩展、成长，来满足每个人的需求。

3. 对于亲密关系的欲望问题，不要忽视生理方面的因素。婚姻生活中经历的各种困难和障碍都可能是由各种物理即生物因素所致。例如，荷尔蒙失调、药物副作用、慢性疾病和自然老化过程等。如果你怀疑有生理因素干扰你的婚姻生活，请立刻咨询医生。在克服困难的过程中，关键是要在伴侣之间保持实事求是的沟通并且灵活地互相配合（见下文第7条）。

4. 关于药物——很多药物副作用，包括“可能会使你昏昏欲睡”都可能会影响婚姻生活，对伴侣间的唤起和婚姻生活的体能等都有负面影响。血压药物、抗抑郁药、抗组织药、抗焦虑药和安眠药都有类似的副作用。好消息是，副作用较少的改善药物即将面世。例如，即使抗抑郁药压抑性感受度，一些最近的研究表明，少数人服用了一种较新的药物明显有着更低的副作用影响。另外，医生可以处方多种药物配合使用。广受欢迎的五羟色胺再摄取抑制剂，例如，Lexipro、Selexa 和左洛复有时可以与其他抗抑郁药如安非他酮和化学工作神经递质多巴胺及去甲肾上腺素配合使用。这种药物结合有时会降低副作用的影响。欣百达，另一种抗抑郁药，增加5-羟色胺和去甲肾上腺素的活动，我还没有看到此药对婚姻生活的太多负面影响。总之，咨询你的医生，寻找最适合你需求的药物，然后再同时考虑你的心理健康和亲密关系的需求。

5. 跨过80岁，甚至90岁的老年伴侣通常也能够拥有美好的亲密关系。这在一定程度上说明了更多的身体刺激和更多爱抚的必要性。因为随着他们年龄的增长，男女双方的性激素水平下降。如果你在婚姻生活上有生理困难，可以进行简单的血液测试，谨慎检查你的睾酮或黄体酮激素水平。女性也需要注意自己的其他激素水平。经验丰富的妇科医生将指导你进行激素替代疗法。我的意见是随着人们年龄的增长，他们应该尽一切可能，在不威胁其健康的情况下，尽情地享受自己的婚姻生活。

6. 创建“长久且充满激情的婚姻”主要涉及你怎么做，而不是做什么。创建愉悦和爱是最重要的事情。我记得在加州大学洛杉矶分校参与培训时看到的一个纪录短片。这个简短的故事讲述的是一个嫁给了四肢瘫痪的人的女性。丈夫的生殖器部位没有感觉，为了进行婚姻生活，她不得不把丈夫的支架拿掉，从轮椅上将丈夫搀扶到床上。一旦上了床，他们开始互相爱抚。丈夫用他的前臂和肘部触碰妻子的敏感部位。而妻子则开始刺激丈夫胸部和肩膀这些仍然有感知的部位。他们完全享受在当下，完全地接纳对方，并享受愉悦。他们无法进行传统的交合，但这仍是一个真正的炙热邂逅。

7. 好好照顾你自己。作为一个具有创造性的伴侣，你需要健康的身体和体态。经常锻炼，健康饮食，获得足够的睡眠。争取生活平衡，不要疲劳过度。

8. 记得为你的亲密关系创造时间和空间。不要让你的各种冗杂的待办事项替代了伴侣的时间和空间。可能在有些情况下你只有几分钟的亲近时间，而其他日子有更多的时间。但是我希望你能始终如一地努力，切勿让太多的时间浪费在无质量的事情上，把亲密关系该有的时间置之脑后。

9. 所有的伴侣关系都存在潮起潮落。有些时候生活为你和伴侣提供了一个更容易建造亲密接触的愉悦环境，有时生活可能更具挑战性，无论是由于健康、金钱、时间或时机的影响。在“退潮”时期，尽最大的努力与你的伴侣进行连接，尽管你可能需要降低你的期望，允许在生活和亲密关系中发生障碍，并尽最大的努力应对这些问题。

译后记

我和本书作者托德同在南加州大学的社会工作学院硕士毕业，之后在各种婚姻家庭治疗的培训项目中有诸多合作。他热忱、专业，对婚姻有着坚定的信仰。托德在洛杉矶的咨询诊所现在应该算是全国知名，每天面对各种婚姻问题而坚持不懈帮助案主二十多年的他，用一本不那么刻板和厚重的读本，将认知行为治疗的故事娓娓道来。书中有体会、有思辨、有对话、有总结，相信不管是普通大众，还是专业人士，都能够从中获益良多。

人称

本书中的每段描写，都会根据情境设定“他”或者“她”。然而，这种设定更多的是为了方便读者理解作者对伴侣双方的指代，并不特指某个性别。例如，书中在描写一些相对木讷的人时往往使用“他”来指代，在同一段落中与相对敏感细腻的“她”进行互动。诚然，这印证着我们常见的刻板印象，但希望读者不要太过注重性别的差异，而将注意力更多地放在作者对亲密关系的解读上。在描述婚姻关系中，在多数情况下作者都用“伴侣”指代双方，但在需要分开描述时，有时也会使用“丈夫”和“妻子”进行指代。我们希望读者在此也不要过多在意性别。书中实例都是托德多年来治疗案主的真实写照，在描述时，托德自然会用带有性别的人称进行指代。读者朋友中一定有各种不同的个性、性别认同、性取向和关系模式，我们希望书中单一的性别指代不会给您带来困扰。

•••• 视角

托德作为一名经验丰富的咨询师，深谙说话的艺术。整本书就像是在聆听他的劝勉。他并不像是一位老师在教授知识，更像是一位朋友，在同我们谈体会、讲故事。他会告诉你，这是他自己多年来实践的经验，然后喝一口茶，和你分享一些他的笔记，告诉你他总结出了哪些有意思的事情。在你讶异的时候，他会开始讲述他亲身经历的故事，告诉你他笔记上的每一条都有证可循。他会为你重复故事中人物的对话，让你更加身临其境地感受那些伴侣之间或紧绷、或抑郁的情感。在你为这些伴侣揪心之时，他又面带微笑地告诉你，他是如何让这些矛盾迎刃而解的。最后，就在你惊叹他的神奇时，他会热情洋溢地煽动你的积极性，告诉你你也可以，长久热烈的婚姻之路已经为你打开了大门。

•••• 循证

托德所有的案例都是在认知行为疗法的框架下完成的。认知行为疗法(Cognitive Behavioral Therapy，CBT)作为被证明有效的治疗模式，在美国的精神健康相关专业都是必修课程。在我们合作的各种教育培训项目中，包括认知行为疗法在内的循证实践方法也是我们和同行长期倡导和推动的，我们希望这些方法在中国也能获得认同和推广。在我和中国的社会工作专业人士及学生的交流过程中，我个人体会是，传统的理论和具体的工具技巧在他们的工作学习中占了很大的比重，现代理论和研究支持的循证方法反而涉及较少。这造成在临床上即使有很多可以使用的工具和技巧，也有理论帮助进行分析，但是没有一个被证实有效的疗法来指导整体的介入框架。托德的这本书并不是一本介绍认知行为疗法的学术专著，但它确实是一本认知行为流派的婚姻家庭咨询师最好的手册。如果读者能够花一些时间，认真总结托德是如何从认知入手影响案主行为的，再加上书中丰富的分析和大量的实战工具，我相信您成为一名合格的婚姻家庭治疗师指日可待。

黄霄柠

社会工作硕士

美国哥伦比亚大学社会工作学院博士研究生